D0885538

LEXIQUE
MÉDICAL

Anglais - Français
Français - Anglais

LEXIQUE
MÉDICAL

Anglais - Français
Français - Anglais

2ᵉ édition

MASSON

Paris   Milan   Barcelone   Bonn
1991

AVERTISSEMENT

Bien différent d'un dictionnaire, ce lexique est constitué d'une énumération volontairement simplifiée des principaux termes médicaux présentés alphabétiquement en double version : de l'anglais vers le français et du français vers l'anglais. Son objectif est de permettre une consultation très rapide visant à retrouver le terme exact anglais ou français au cours d'une conversation, d'un exposé ou d'une lecture.

Les professionnels de santé sont constamment à la recherche de la juste terminologie. L'anglais médical doit être, pour le lecteur francophone, utilisé de façon correcte et précise. De nombreux médecins et membres des professions paramédicales sont amenés à avoir une pratique fréquente de la langue anglaise, sans avoir eu l'opportunité de perfectionner correctement leurs anciennes connaissances scolaires. Ils sont confrontés à des difficultés linguistiques, non seulement dans la conversation courante, mais également pour la rédaction d'un article médical ou la présentation d'une communication scientifique.

Certes de nombreux termes médicaux anglais et français sont phonétiquement semblables. En revanche, leur orthographe très souvent différente doit être connue afin d'éviter des erreurs fâcheuses.

Malgré les omissions rendues inévitables par le format de l'ouvrage, cet instrument de travail, qui vise à la précision plus qu'à l'érudition, a pour but de devenir un compagnon fidèle des professionnels de santé auxquels il est destiné.

CONVERSION
DES MESURES ANGLAISES EN MESURES INTERNATIONALES

● **températures**

— Pour convertir une température Farenheit en température Celsius : soustraire 32, multiplier par 5 et diviser par 9

ex :

$$68° \; F = \frac{(68\text{-}32) \times 5}{9} = 20 \; °C$$

● **longueurs**

1 inch = 25,4 mm
1 foot = 12 inches = 0,305 m
1 yard = 3 feet = 0,914 m
1 fathom = 6 feet = 1,829 m
1 pole = 5 1/2 yards = 5,029 m
1 chain = 22 yards = 20,12 m
1 furlong = 220 yards = 201,2 m
1 mile = 8 furlongs = 1760 yards = 1609 m
1 nautic mile = 1851 m

● **surfaces**

1 sq. inch = 6,45 cm²
1 sq. foot = 9,29 dm²
1 sq. yard = 0,836 m²
1 perch = 25,29 m²

1 rood = 10,12 ares
1 acre = 0,405 ha
1 sq. mile = 259,89 ha = 2,59 km²

● **volumes**

1 cubic inch = 16,387 cm³
1 cubic foot = 0,283 m³
1 cubic yard = 0,764 m³

● **capacités**

1 gill = 0,142 l
1 pint = 4 gills = 0,568 l
1 quart = 2 pints = 1,136 l
1 gallon = 4 quarts = 4,546 l
1 barrel = 32 gallons = 145,39 l
1 US gallon = 3,78 l

● **poids**

1 grain = 0,0648 grammes
1 dram = 1,77 g
1 ounce (oz) = 16 drams = 28,3 g
1 pound (lb) = 160 z = 0,453 kg
1 stone = 14 lb = 6,35 kg
1 quarter = 28 lb = 12,7 kg
1 hundred weight = 112 lb = 50,8 kg
1 ton = 1016 kg

ANGLAIS-FRANÇAIS

AA, Alcooliques Anonymes
abacus, abaque
abarticular, abarticulaire
abatement, affaiblissement, diminution
abdomen, abdomen
abdominal reflex, réflexe cutané abdominal
abducens nerve, nerf moteur oculaire externe
abduction, abduction
abepithymia, paralysie de plexus solaire
abeyance, suspension d'activité
ability, faculté, capacité
ablepharia, ablépharie
ABO system, système ABO
abortion, avortement
abrade, raser, ronger
abrasion, abrasion
abreaction, abréaction
abruptio placentae, hématome rétroplacentaire
abscess, abcès
absorption, absorption
abstinence, abstinence
abuse, emploi abusif, sévices
acalculia, acalculie
acampsia, impossibilité de plier une articulation
acanthocytosis, acanthocytose
acantholysis, acantholyse
acanthoma, acanthome
acanthosis, hyperacanthose
acapnia, acapnie
acariasis, acariase
acaricide, antiscabieux

acarinosis, acariase
acarus, acarien
acatalasia, acatalasie
acathisia, acathisie
acceptor, accepteur
accessory, accessoire
acclimatation, acclimatement
accomodation, accomodation
ACD, acide-citrate-dextrose
acebutolol, acébutolol
acephalous, acéphale
acetabular, acétabulaire
acetaminophen, acétaminophène, paracétamol
acetonemia, cétonémie
acetonuria, cétonurie
acetylcholine, acétylcholine
acetylsalicylic acid, acide acétylsalicylique
achalasia, achalasie
ache, douleur
Achilles reflex time, réflexogramme achilléen
Achilles tendon reflex, réflexe achilléen
aching, douloureux, endolori
achlorhydria, achlorhydrie
achondroplasia, achondroplasie
achromatic spindle, fuseau achromatique
achromatopsia, achromatopsie
acid, acide
acid-base balance, équilibre acido-basique
acidemia, acidémie
acid-fast, acido-résistant
acidosis, acidose
acid-phosphatase, phosphatase acide
acinesia, acinésie
acinitis, inflammation des acini
acinus, acinus
aclusion, occlusion dentaire imparfaite
acme, acmé
acne, acné

aconuresis, énurésie
acorea, acorie, acorée
acoustic crest, crête ampullaire
acoustics, acoustique
acquired, acquis
Acquired Immune Deficiency Syndrome, SIDA
acrid, âcre
acrocephaly, acrocéphalie
acrocyanosis, acrocyanose
acrodermatitis, acrodermatite
acrodynia, acrodynie
acrodystrophic neuropathy, acropathie ulcéromutilante
acrokeratosis, acrokératose
acromegalia, acromégalie
acromioclavicular, acromioclaviculaire
acromion, acromion
acropachy, hippocratisme digital
acropathy, acropathie
acrosome, acrosome
acrosome cap, capuchon céphalique
acrotic, superficiel, acrotique
acrotism, pulsation défectueuse
ACTH, hormone adénocorticotrope, ACTH
actin, actine
acting out, passage à l'acte
actinic dermatosis, actinodermatose
actinon, radon 219
action potential, potentiel d'action
action spectrum, spectre d'action
action tremor, tremblement d'intention
activation, activation
activator, activateur
active assist exercise, exercice actif aidé (ou assisté)
activity, activité
actomyosin, actomyosine
actual, réel, véritable
acuity, acuité
acupuncture, acupuncture

acus, aiguille
acute, aigu
acuteness, acuité
acyesis, stérilité féminine
adactylia, adactylie
Adam's apple, pomme d'Adam
adaptation, adaptation
ADCC, cytotoxicité cellulaire dépendant des anticorps
add, ajouter
addict, intoxiqué, toxicomane
addiction, toxicomanie
adduction, adduction
adductor, adducteur
adenectomy, adénectomie
adenitis, adénite
adenocarcinoma, adénocarcinome
adenofibroma, adénofibrome
adenohypophysis, antéhypophyse
adenoid, adénoïde
adenoidectomy, adénoïdectomie
adenoiditis, adénoïdite
adenoids, végétations adénoïdes
adenolipoma, adénolipome
adenolymphoma, adénolymphome
adenoma, adénome
adenomatosis, adénomatose
adenomyoma, adénomyome
adenomyosis, endométriose
adenopathy, adénopathie
adenosine, adénosine
adenotonsillectomy, ablation des amygdales et des végétations
adenovirus, adénovirus
ADH, hormone antidiurétique, HAD
adherent, adhérent
adhesion, adhérence, adhésion
adipose, adipeux
adipose cell, adipocyte
aditus, entrée
adjustment, ajustement, mise au point
adjuvant, adjuvant

adnexa, annexes
adolescence, adolescence
ADP, adénosine diphosphate, ADP
adrenal, surrénal
adrenal cortex, corticosurrénale
adrenal gland, glande surrénale
adrenal medulla, médullosurrénale
adrenalectomy, surrénalectomie
adrenaline, adrénaline
adrenergic, adrénergique
adrenocortical steroids, corticostéroïdes
adrenocorticotrophic hormone, ACTH
adrenogenital syndrome, syndrome d'Apert-Gallais
adrenolytic, adrénolytique
adsorption, adsorption
adulteration, falsification
advanced, avancé, évolué
advancement, avancement, proraphie
advancement flap, lambeau de glissement
adventitia, adventice
aeration, aération
aerobe, aérobie
aerobic, aérobie
aerocele, laryngocèle
aerodontalgia, aérodontalgie
aerogen, bactérie aérogène
aerophagy, aérophagie
aerosol, aérosol
afebrile, apyrétique
affect, disposition, affect
affective disorder, trouble thymique
afferent, afférent
affiliation, affiliation
affinity, affinité
afibrinogenemia, afibrinogénémie
aflatoxin, aflatoxine
AFP, alpha-fœto-protéine

African tick fever, fièvre récurrente africaine
after-birth, arrière-faix, délivre
after-care, post-cure
after-effects, séquelles
after-image, image persistante
after-pains, tranchées utérines
agalactia, agalactie
agammaglobulinemia, agammaglobulinémie
agar, agar, gélose
age, âge
agenesis, agénésie
agent, agent
agglutination, agglutination
agglutinin, agglutinine
agglutinogen, agglutinogène
aggregate, agrégat
aggressin, aggressine
aggression, agression
aging, vieillissement
aglutition, impossibilité d'avaler
agnathia, agnathie
agnosia, agnosie
agonist, agoniste
agoraphobia, agoraphobie
agranulocytosis, agranulocytose
agraphia, agraphie
ague, fièvre intermittente
AIDS, SIDA
air, air
air-cell, alvéole pulmonaire
air embolism, aéroembolisme
airflow, écoulement gazeux
air hunger, dyspnée de Kussmaul
airways, voies aériennes
akathisia, akathisie
ala, aile
albinism, albinisme
albino, albinos
albumin, albumine
albuminuria, albuminurie
alcohol, alcool
alcoholism, alcoolisme
aldehyde, aldéhyde
aldolase, aldolase

aldosterone, aldostérone
aldosteronism, hyperaldostéronisme
alexia, alexie
alga, algue
algesia, algésie
algid, algide
algid pernicious malaria, accès algide palustre pernicieux
algogenic, algogène
algorithm, algorithme
alienation, aliénation
alignment, alignement
alimentary, alimentaire
alimentary tract, tube digestif
alimentation, alimentation
aliquot, aliquot
alive, vivant
alkalemia, alcalose
alkali, alcalin
alkali reserve, réserve alcaline
alkaline, alcalin
alkalinity, alcalinité
alkalinuria, alcalinité de l'urine
alkaloid, alcaloïde
alkalosis, alcalose
alkaptonuria, alcaptonurie
alkylating agent, agent alkylant
all-or-none law, loi du tout ou rien
allantois, allantoïde
allele, allèle
allelomorph, allélomorphe
allergen, allergène
allergy, allergie
alloantibody, alloanticorps
alloantigen, alloantigène
allocheiria, alloesthésie
allograft, allogreffe
allopathy, allopathie
alloplasty, alloplastie, hétérogreffe
alloy, alliage
alopecia, alopécie, calvitie
alpha rays, rayons alpha
alphachymotrypsin, alphachymotrypsine

alphafetoprotein (AFP), alphafœto-protéine
alpha wave, rythme alpha
alternating current, courant alternatif
alternative medicine, médecine alternative (douce)
altitude sickness, mal des montagnes
aluminium, aluminium
alveolar, alvéolaire
alveolitis, alvéolite
alveolus, alvéole
amalgam, amalgame
amastia, amastie
amaurosis, amaurose
amaurotic familial idiocy, idiotie amaurotique familiale
ambient, ambiant
ambidextrous, ambidextre
ambivalence, ambivalence
amblyopia, amblyopie
ambulance, ambulance
ambulant, ambulatoire
ambulatory, ambulatoire
ambulatory electrocardiographic monitoring, Holter
ameba, amibe
amebiasis, amibiase
amebicide, amoebicide
ameboma, amoebome
amelia, amélie
amelioration, amélioration
amenorrhea, aménorrhée
amentia, idiotie, arriération profonde
American spotted fever, fièvre pourprée des Montagnes Rocheuses
ametria, absence d'utérus
ametropia, amétropie
amine, amine
amino acid, acide aminé
amino-aciduria, amino-acidurie
amitosis, amitose
ammonia, ammoniaque

amnesia, amnésie
amniocentesis, amniocentèse
amniography, amniographie
amnion, amnios
amniotic fluid, liquide amniotique
amorphus, amorphe
AMP, adénosine monophosphate, AMP
ampere, ampère
amphiarthrosis, amphiarthrose
amphoteric, amphotère
ampoule, ampoule
ampulla, ampoule
ampulla chyli, citerne de Pecquet
amputation, amputation
amygdala, amygdale
amylase, amylase
amyloidosis, amyloïdose
amyotonia, amyotonie
amyotrophic lateral sclerosis, sclérose latérale amyotrophique
amyotrophy, amyotrophie
anabolic steroid, stéroïde anabolisant
anabolism, anabolisme
anacrotic, anacrote
anaerobe, anaérobie
anal, anal
analbuminemia, analbuminémie
analeptic, analeptique
analgesia, analgésie
analgesic, analgésique
analogous, analogue
analysis, analyse
anaphase, anaphase
anaphoresis, anaphorèse
anaphylaxis, anaphylaxie
anaplasia, anaplasie
anastomosis, anastomose
anatomical chart, planche anatomique
anatomical snuff-box, tabatière anatomique
anatomy, anatomie
ancylostomiasis, ankylostomiase

androgen, androgène
android pelvis, bassin androïde
androsterone, androstérone
anemia, anémie
anencephaly, anencéphalie
aneroid, anéroïde
anesthesia, anesthésie
anesthesia, glove-, anesthésie en gant
anesthesia, nerve block-, anesthésie par bloc nerveux
anesthesic, anesthésique
anesthesist, anesthésiste
aneuploid, aneuploïde
aneurysm, anévrisme
aneurysm, arteriovenous-, anévrisme artérioveineux
aneurysm, dissecting-, anévrisme disséquant
angiectasis, angiectasie
angiitis, angéite
angina pectoris, angine de poitrine
angiocardiogram, angiocardiogramme
angiocardiography, angiocardiographie
angiogram, angiogramme
angiography, angiographie
angioma, angiome
angiomatosis, angiomatose
angioneurotic, angioneurotique
angioneurotic edema, œdème de Quincke
angioplasty, angioplastie
angiosarcoma, angiosarcome
angiospasm, angiospasme
angiotensin, angiotensine
angle, angle
angor, angine de poitrine
anhidrosis, anhidrose
anhidrotic, anhidrotique
anhydrous, anhydre
aniline, aniline
anion, anion
aniseikonia, aniséiconie

anisochromatopsia, anisochromatopsie
anisocoria, anisocorie
anisocytosis, anisocytose
anisomelia, anisomélie
anisometropia, anisométropie
ankle, cheville
ankle bone, astragale
ankle clonus, clonus du pied
ankle jerk, réflexe achilléen
ankle joint, articulation tibio-astragalienne
ankyloblepharon, ankyloblépharon
ankyloglossia, ankyloglossie
ankylosing spondylitis, spondylarthrite ankylosante
ankylosis, ankylose
ankylostomiasis, ankylostomiase
annular, annulaire
anode, anode
anodyne, antalgique
anomalous, anormal
anomia, anomie
anonychia, anonychie
anoperineal, anopérinéal
anorchous, anorchide
anorectal, anorectal
anorexia, anorexie
anorexia nervosa, anorexie mentale
anosmia, anosmie
anovulation, anovulation
anovulatory cycle, cycle anovulatoire
anoxemia, anoxémie
anoxia, anoxie
antacid, antiacide
antagonist, antagoniste
antemortem, avant la mort
antenatal, prénatal
antepartum, avant l'accouchement
anterior, antérieur
anterior root, racine antérieure
anterograde, antérograde
anteroinferior, antéroinférieur

anterointernal, antérointerne
anterolateral, antérolatéral
anteromedian, antéromédian
anteroposterior, antéropostérieur
anterosuperior, antérosupérieur
anteversion, antéversion
anthelmintic, anthelminthique, vermifuge
anthracosis, anthracose
anthrax, charbon
anthropoid, anthropoïde
anthropology, anthropologie
antibiotic, antibiotique
antibody, anticorps
antibody, blocking-, anticorps bloquant
antibody, cold-, anticorps froid
antibody, incomplete-, anticorps incomplet
anticholinergic, anticholinergique
anticholinesterase, anticholinestérase
anticoagulant, anticoagulant
anticodon, anticodon
anticonvulsant, anticonvulsivant
antidepressant, antidépresseur
antidiuretic hormone, hormone antidiurétique
antidote, antidote
antigen, antigène
antigenic determinant, déterminant antigénique
antiglobulin test, test de Coombs
antihemophilic globulin, facteur antihémophilique
antihistaminic, antihistaminique
antilymphocyte globulin, globulines antilymphocytaires
antilymphocyte serum, sérum antilymphocytaire
antimalarial, antipaludéen
antimetabolite, antimétabolite
antimigraine, antimigraineux
antimitotic, antimitotique

antimycotic, antifungique
antinuclear factor, facteur anti-nucléaire
antiperistalsis, antipéristaltisme
antiphlogistic, antiphlogistique
antipruritic, antiprurigineux
antipyretic, antipyrétique
antirachitic factor, facteur anti-rachitique, vitamine D
antiscorbutic, antiscorbutique, vitamine C
antiseptic, antiseptique
antiserum, antisérum
antisocial, antisocial
antispasmodic, antispasmodique
antithrombin, antithrombine
antithyroid, antithyroïdien
antitoxin, antitoxine
antitragus, antitragus
antivenin, antivenin
antrotomy, antrotomie
antrum, antre, sinus
anuria, anurie
anus, anus
anxiety, anxiété
anxiety neurosis, névrose d'angoisse
aorta, aorte
aortic, aortique
aortic incompetence, insuffisance aortique
aortic stenosis, rétrécissement aortique
aortic valves, valves aortiques
aortitis, aortite
apathy, apathie
aperient, laxatif
aperistalsis, apéristaltisme
apex, sommet
apex beat, choc de pointe
apex of heart, pointe du cœur
Apgar's score, cotation d'Apgar
aphagia, impossibilité d'avaler
aphakia, aphakie
aphasia, aphasie
aphonia, aphonie

aphrodisiac, aphrodisiaque
aphta, aphte
aphtous stomatitis, stomatite aphteuse, muguet
apicectomy, excision de la pointe de la racine d'une dent
aplasia, aplasie
aplastic anemia, aplasie médullaire
apnea, apnée
apocrine gland, glande apocrine
aponeurosis, aponévrose
apophysis, apophyse
apoplexy, apoplexie
appendicectomy, appendicectomie
appendicitis, appendicite
appendix, appendice
apperception, aperception
appliance, appareil
applicator, applicateur
apposition, apposition
approach, abord, conduite à tenir
apraxia, apraxie
aptitude, aptitude
aptyalism, aptyalisme
apyrexia, apyrexie
aqueduct, aqueduc
aqueous, aqueux
arachnodactyly, arachnodactylie
arachnoid, arachnoïde
arbor vitae, arbre de vie
arborization, arborisation
arbovirus, arbovirus
ARC, complexe apparenté au SIDA
arch, arcade, voûte
arcus, arc, arcade
area, aire, région, champ
areola, aréole
areolar tissue, tissu conjonctif lâche
arginine, arginine
argininosuccinuria, argininosuccinurie
argyria, argyrie
arm, bras

arousal, éveil
arrangement, disposition
array, disposition, répartition
arrhenoblastoma, arrhénoblastome
arrhythmia, arythmie
artefact, artéfact
arterial, artériel
arteriectomy, artériectomie
arteriography, artériographie
arteriole, artériole
arteriopathy, artériopathie
arterioplasty, artérioplastie
arteriosclerosis, artériosclérose
arteriotomy, artériotomie
arteritis, artérite
artery, artère
arthralgia, arthralgie
arthrectomy, arthrectomie, synovectomie
arthritis, arthrite
arthroclasia, fracture d'une ankylose
arthrodesis, arthrodèse
arthrodynia, arthrodynie
arthrography, arthrographie
arthropathy, arthropathie
arthroplasty, arthroplastie
arthroscope, arthroscope
arthroscopy, arthroscopie
arthrotomy, arthrotomie
articular, articulaire
articulation, articulation
artificial, artificiel
arytenoid, aryténoïde
asbestos, amiante
asbestosis, asbestose
ascaridiasis, ascaridiase
ascaricide, ascaricide
ascaris, ascaris
ascending colon, côlon ascendant
ascites, ascite
ascitic fluid, ascite
ascorbic acid, acide ascorbique
asepsis, asepsie
aseptic, aseptique

asexual, asexué
asleep, endormi
aspermia, aspermie
asphyxia, asphyxie
aspiration, aspiration
aspirator, aspirateur
aspirin, aspirine
assay, dosage, détermination
assessment, évaluation
assignment, attribution
assimilation, assimilation
assisted ventilation, ventilation assistée
association, association
asteatosis, astéatose
astereognosis, astéréognosie
asthenia, asthénie
asthenopia, asthénopie
asthma, asthme
astigmatism, astigmatisme
astringent, astringent
astrocytoma, astrocytome
astroglia, astroglie
asymmetry, asymétrie
asymptomatic, asymptomatique
asynclitism, asynclitisme
atavism, atavisme
ataxia, ataxie
atelectasis, atélectasie
atherogenic, athérogène
atheroma, athérome
atherosclerosis, athérosclérose
athetosis, athétose
athlete's foot, pied d'athlète
atlas, atlas
atmosphere, atmosphère
atomizer, atomiseur
atony, atonie
ATP, adénosine triphosphate
atresia, atrésie
atria, oreillette
atrial, auriculaire
atrial septal defect, communication interauriculaire
atrioventricular block, bloc auriculo-ventriculaire

atrioventricular bundle, faisceau de His
atrium, oreillette
atrophic, atrophique
atrophy, atrophie
atropine, atropine
attack, crise, accès
attention, attention
attenuation, atténuation
atypical, atypique
audiogram, audiogramme
audiologist, audiologiste
audiometer, audiomètre
audiometry, audiométrie
auditory, auditif
aura, aura
aural, auriculaire, auditif
auricle, pavillon de l'oreille
auricular, auriculaire
auriculotemporal, auriculo-temporal
auriculoventricular bundle, faisceau de His
auriscope, otoscope
auscultation, auscultation
autism, autisme
autistic, autiste
autoagglutination, autoagglutination
autoantibody, autoanticorps
autoantigen, autoantigène
autocatalytic, autocatalytique
autoclave, autoclave
autodigestion, autodigestion
autoeroticism, autoérotisme, masturbation
autogenous, autogène
autograft, autogreffe
autographism, autographisme, dermographie
autohypnose, autohypnose

autoimmune disease, maladie autoimmune
autoimmunity, auto-immunité
autoimmunization, auto-immunisation
autoinfection, auto-infection
autointoxication, auto-intoxication
autolysis, autolyse
automatism, automatisme
autonomic nervous system, système nerveux autonome
autoplasty, autoplastie
autopsy, autopsie
autoradiography, autoradiographie
autosomal, autosomique
autosome, autosome
autosuggestion, autosuggestion
autotransfusion, autotransfusion
availability, disponibilité
available, disponible
avascular, avasculaire
average, moyenne
aversion therapy, cure de dégoût
avian, aviaire
avirulent, avirulent
avitaminosis, avitaminose
avulsion, avulsion
awakening, réveil
awareness, prise de conscience, vécu
axilla, aisselle
axillary, axillaire
axis, axe
axon, axone
axonotmesis, axonotmésis
azoospermia, azoospermie
azotemia, azotémie
azoturia, azoturie
azygos, azygos

B

bacillary, bacillaire
bacilluria, bacillurie
bacillus, bacille
back, dos
backbone, colonne vertébrale
background, fond, antécédents
bacteria, bactéries
bacteriaemia, bactériémie
bacterial, bactérien
bactericidal, bactéricide
bacteriology, bactériologie
bacteriolytic, bactériolytique
bacteriophage, bactériophage
bacteriostatic, bactériostatique
bacterium, bactérie
bacteriuria, bactériurie
bag, sac
bagassosis, bagassose
BAL, dimercaprol
balance, bilan, équilibre
balanitis, balanite
baldness, calvitie, alopécie
ballooning, ballonnement
ballottement, ballottement
balm, baume
band, bande, bandelette
bandage, bandage
bar, bar
Barbados leg, éléphantiasis
barber's rash, sycosis
bare, nu
barium enema, lavement baryté
barium meal, repas baryté
baroreceptor, barorécepteur
barrier, barrière
bartholinitis, bartholinite
basal, basal

basal ganglia, noyaux gris centraux
basal metabolic rate, métabolisme basal
base, base
basic, basique, fondamental
basic life support, assistance cardiorespiratoire
basilar, basilaire
basilic vein, veine basilique
basis, base, fondement
basophil, basophile
basophilic, basophile
bath, bain
battered baby syndrome, syndrome de Silverman
bead, goutte, perle, grain
beam, faisceau
bearing down, douleur utérine au cours du travail
beat, battement, pulsation
bed, lit
bed bug, punaise de lit
bedsore, escarre de décubitus
behavior, comportement
behavior disorder, trouble du comportement
behaviorism, behaviorisme
belladonna, belladonne
belly, ventre
belt, ceinture
bend, courbe
bends, maladie des caissons, bends
benign, bénin
beriberi, béribéri
berylliosis, bérylliose
bestiality, bestialité
beta, bêta
beta blocker, bêta-bloquant
beyond, au-delà
bezoar, bézoard
biceps, biceps
biceps reflex, réflexe bicipital
bicornuate, bicorne
bicuspid, bicuspide

bicuspid valve, valve mitrale
bifid, bifide
bifocal spectacles, lunettes correctrices bifocades
bifurcate, bifurqué
bifurcated ligament, ligament de Chopart
bigeminal pulse, pouls bigéminé
bilateral, bilatéral
bile, bile
bile duct, canal biliaire
bile pigment, pigment biliaire
Bilharzia, Schistosoma
biliary, biliaire
bilious, bilieux
bilirubine, bilirubine
biliverdine, biliverdine
biluria, biliurie
bimanual, bimanuel
binary fission, scissiparité
binaural, biauriculaire
binding, liaison, fixation
binocular, binoculaire
binovular, biovulé
bioessay, essai biologique, dosage
biochemistry, biochimie
biofeedback, biofeedback
biogenesis, biogenèse
biology, biologie
biometry, biométrie
biophysics, biophysique
biopsy, biopsie
bios, bios
biosynthesis, biosynthèse
biotin, biotine
bipolar lead, dérivation bipolaire ou périphérique
birth, naissance
birth control, limitation des naissances
birth mark, tache de naissance
birth rate, taux de natalité
bisexual, bisexué
bistoury, bistouri
bite, morsure, piqûre

bitemporal hemianopia, hémianopsie bitemporale
black, noir
blackhead, comédon
black stools, selles noires
blackwater fever, fièvre bileuse hémoglobinurique
bladder, vessie, vésicule
bladder, gall-, vésicule biliaire
bladder, urinary-, vessie
bland, doux, stérile
blast cell, blastocyte
blast injury, lésion par souffle
blastomycosis, blastomycose
blastula, blastula
bleach, décolorant
bleb, bouton, pustule
bleeder, hémophile
bleeding time, temps de saignement
blennorrhea, blennorrhée
blepharitis, blépharite
blepharoptosis, blépharoptose
blepharospasm, blépharospasme
blind, aveugle
blind loop syndrome, syndrome de l'anse borgne
blind spot, tache aveugle
blindness, cécité
blind test, méthode à l'insu
blinking, clignotement, clignement
blister, ampoule, vésicule, cloque
block, bloc, blocage
blood, sang
blood bank, banque de sang
blood-brain barrier, barrière hémato-encéphalique
blood cast, cylindre urinaire
blood cell, globule
blood cells count, hémogramme
blood clot, caillot sanguin
blood destruction, hémolyse
blood disease, hémopathie
blood glucose, glycémie
blood grouping, groupage sanguin

blood letting, saignée

blood platelets, plaquettes sanguines

blood pressure, pression artérielle ou sanguine

blood sedimentation rate, vitesse de sédimentation

blood type, groupe sanguin

blood urea, urémie

blood volume, volume sanguin, volémie

blue line, ligne bleue gingivale

blue sclera, sclérotiques bleues

blunt, émoussé, contondant

body, corps, corpuscule, organisme

body image, schéma coporel

body surface, surface corporelle

boil, clou, furoncle

bond, liaison, pont

bone, os

bone age, âge osseux

bone graft, greffe osseuse

bone marrow, moelle osseuse

bone marrow puncture, prélèvement de moelle osseuse

bone setter, rebouteux

borborygmus, borborygme

border, bord, bordure

borderline, limite

born, né

boss, bosse

bottle, bouteille, biberon

botulism, botulisme

bougie, bougie

bougienage, dilatation par bougies

bound, lié

bout, accès, poussée

bowel, intestin

bowel disorder, trouble intestinal

bowleg, jambe arquée, genu varum

brace, attelle, appareil orthopédique

brachial, brachial

brachial artery, artère brachiale

brachial plexus, plexus brachial

brachial neuralgia, névralgie brachiale

brachium, bras, pédoncule cérebelleux

brachycephaly, brachycéphalie

bradycardia, bradycardie

bradykinin, bradykinine

brain, cerveau, encéphale

brain death, coma dépassé

brain stem, tronc cérébral

branch, branche

branchial, branchial

break, cassure, fracture

breakdown, décomposition, rupture

breakdown, nervous-, dépression nerveuse

breast, thorax, sein

breath, respiration, haleine

breath of life, souffle de vie

breath sounds, bruits respiratoires

breath-holding spell, spasme du sanglot

breathing, respiration, ventilation

breech, siège

bregma, bregma

brittle bones, os cassant (ostéogenèse imparfaite)

broad ligament, ligament large de l'utérus

bromidrosis, bromhidrose

bromism, bromisme

bronchial, bronchique

bronchial breathing, souffle tubaire

bronchial carcinoma, cancer bronchique

bronchial tube, bronche

bronchiectasis, bronchectasie

bronchiole, bronchiole

bronchiolitis, bronchiolite

bronchitis, bronchite

bronchogenic, bronchogénique

bronchography, bronchographie
broncholith, broncholithe
bronchopneumonia, bronchopneumonie
bronchoscope, bronchoscope
bronchoscopy, bronchoscopie
bronchospasm, bronchospasme
bronchus, bronche
brow, arcades sourcilières, sourcil, front
brow presentation, présentation
  frontale
brucellosis, brucellose
bruise, contusion, ecchymose
bruit, bruit
brush, brosse, pinceau
bubble, bulle
bubo, bubon
bubonic plague, peste bubonique
buccal, buccal
buccinator, buccinateur

bud, bourgeon
buffer, tampon
bug, hémiptère, punaise
bulb, bulbe
bulbar palsy, paralysie bulbaire
bulimia, boulimie
bulk, volume, cellulose
bulla, bulle, vésicule
bump, bosse, choc, coup
bundle, faisceau
bundle branch block, bloc de
  branche
bunion, oignon
burette, burette
burn, brûlure
burr hole, trou de trépanation
bursa, bourse
bursitis, bursite
buttock, fesse
by-pass, dérivation, pontage
byssinosis, byssinose

C

cachet, cachet, capsule
cachexia, cachexie
cadaver, cadavre
caesarian section, césarienne
caffeine, caféine
caisson disease, maladie des caissons
calcaneal spur, épine calcanéene
calcaneus, calcanéum
calcareous, calcaire
calcemia, calcémie
calciferol, calciférol, vitamine D
calcification, calcification
calcitonin, calcitonine
calcium, calcium
calculus, calcul
calf, mollet
calf bone, péroné
calibrate, calibrer
calipers, compas à calibrer
callosity, callosité
callus, cal
calor, chaleur
calorie, calorie
calorific, calorifique, calorigène
calorimeter, calorimètre
calvarium, calotte crânienne, voûte cranienne
calyx, calice
canal, canal, conduit
canaliculus, canalicule
cancellus, espace réticulé d'un os, réseau
cancer, cancer
cancerophobia, cancérophobie
cancroid, cancroïde

cancrum oris, ulcération fétide de la bouche, noma
candle, bougie
canicola fever, infection à Leptospira canicola
canine teeth, canine
canker, ulcération
cannabis, hashish
cannula, canule
canthus, canthus
cap, calotte, capuchon, coiffe
capacity, capacité
capillary, capillaire
capillary fragility test, signe du lacet
capillary nevus, angiome plan
capitate, en forme de tête, grand os du carpe
capsule, capsule
capsulitis, capsulite
capsulotomy, capsulotomie
caput, tête, chef
caput succedaneum, bosse sérosanguine
carbohydrate, hydrate de carbone, glucide
carbon dioxide, CO_2, gaz carbonique
carbon monoxide poisoning, oxycarbonisme, intoxication par le monoxyde de carbone
carboxyhemoglobin, carboxyhémoglobine
carbuncle, anthrax, furoncle
carcinogenic, carcinogène
carcinoid syndrome, carcinoïde
carcinoma, carcinome, cancer
carcinomatosis, carcinomatose
cardia, cœur, cardia
cardiac, cardiaque
cardiac failure, insuffisance cardiaque
cardiac output, débit cardiaque
cardinal ligament, ligament rond
cardiograph, cardiographe
cardiology, cardiologie

cardiomyopathy, cardiomyopathie

cardiopathy, cardiopathie

cardiospasm, cardiospasme

cardiovascular, cardiovasculaire

carditis, cardite

care, soin

care, after-, surveillance des convalescents

care, follow up-, soin post-hospitalier

care, intensive-, réanimation

caries, carie

carina, carène

carneous, carné, charnu

carotene, carotène

carotid, carotide

carotid body, glomus carotidien

carotid sinus syncope, hyperréflectivité du sinus carotidien

carpal tunnel syndrome, canal carpien

carpometacarpal, carpométacarpien

carpopedal spasm, spasme carpopédal

carpus, carpe

carriage, portage

carrier, porteur

cartilage, cartilage

caruncle, caroncule

caruncle, lacrimal-, caroncule lacrymale

caruncle, urethral-, caroncule urétrale

caseation, caséation

casein, caséine

Casoni's test, intradermo-réaction de Casoni

castration, castration

cast, cylindre, moule, plâtre

casualty, accidenté, blessé, victime

cat scratch fever, lymphoréticulose bénigne d'inoculation

catabolism, catabolisme

catalepsy, catalepsie

catalyst, catalyseur

cataphoresis, cataphorèse

cataplexy, cataplexie

cataract, cataracte

catarrh, catarrhe

catatonia, catatonie

catgut, catgut

catharsis, catharsis

cathartic, cathartique

catheter, cathéter, sonde

catheterism, cathétérisme

cathode, cathode

cation exchange resin, résine échangeuse de cations

cauda equina, queue de cheval

caudal analgesia, analgésie sacrée

caul, coiffe

causative, causal

caustic, caustique

cautery, cautère

cavernous nevus, angiome caverneux

cavernous sinus, sinus caverneux

cavitation, caverne

cavity of pelvis, cavité pelvienne

cecum, caecum

celiac, cœliaque

celioscopy, cœlioscopie

cell, cellule, élément

cell body, corps cellulaire

cell membrane, membrane cellulaire

cell wall, paroi cellulaire

cellulitis, cellulite

cellulose, cellulose

Celsius, Celsius

center, centre

centigrade, centigrade, Celsius

centimetre (cm), centimètre

central nervous system (CNS), système nerveux central (SNC)

centrifugal nerve fibre, fibre nerveuse centrifuge

centrifuge, centrifugeuse
centriole, centriole
centripetal, centripète
centromere, centromère
centrosome, centrosome
centrum, centre
cephalhematoma, céphalhématome
cephalic, céphalique
cephalocele, céphalocèle
cephalometry, céphalométrie
cephalotribe, céphalotribe
cerebellum, cervelet
cerebral, cérébral
cerebral palsy, infirmité motrice cérébrale
cerebration, ensemble des fonctions du cerveau, pensée
cerebrospinal fluid (CSF), liquide céphalorachidien (LCR)
cerebrovascular accident, accident vasculaire cérébral
cerebrum, cerveau
cerumen, cérumen
cervical, cervical
cervicectomy, cervicectomie
cervicitis, cervicite
cervix uteri, col de l'utérus
cestode, cestode
chain, chaîne
chalazion, chalazion
chamber, chambre, cavité
chancre, chancre
chancroid, chancroïde
change, modification
channel, canal
chart, graphique, schéma
cheek, joue
cheilitis, chéilite
cheiloplasty, chéiloplastie
cheiropompholyx, dyshidrose
chelating agent, chélateur
chemistry, chimie
chemoreceptor, chémorécepteur, chimiorécepteur
chemosis, chémosis

chemotaxis, chimiotactisme
chemotherapy, chimiothérapie
chemotropism, chimiotropisme
chest, thorax
chiasm, chiasma
chiasma opticum, chiasma optique
chickenpox, varicelle
chilblain, engelure
child, enfant
childbirth, accouchement
childhood, enfance
chill, frisson
chimera, chimère
chin, menton
chiropodist, pédicure
chiropractic, chiropraxie
chiropractor, chiropracteur
chirurgical, chirurgical
chloasma, chloasma
chloasma gravidarum, masque de grossesse
chloride, chlorure
chloroform, chloroforme
chloroma, chlorome
choana, choane
choice, choix
cholagogue, cholagogue
cholangiogram, cholangiogramme
cholangitis, angiocholite
cholemia, cholémie
cholecystectomy, cholécystectomie
cholecystenterostomy, cholécystenstérostomie
cholecystitis, cholécystite
cholecystography, cholécystographie
cholecystolithiasis, cholécystolithiase
cholecystostomy, cholécystostomie
choledocholithotomy, cholédocholithotomie
choledochotomy, cholédochotomie

cholelithiasis, cholélithiase
cholera, choléra
cholesteatoma, cholestéatome
cholesterol, cholestérol
choline, choline
cholinergic, cholinergique
cholinesterase, cholinestérase
choluria, cholurie
chondralgia, chondrodynie
chondriome, chondriome
chondritis, chondrite
chondroma, chondrome
chondromalacia, chondromalacie
chondrosarcoma, chondrosarcome
chorda, corde, cordon
chordee, chordée
chorditis, chordite
chorea, chorée
chorion, chorion
chorionic villi, villosités chorioniques
choroid, choroïde
choroiditis, choroïdite
choroidocyclitis, choroïdocyclite
chromatin, chromatine
chromatography, chromatographie
chromatosis, pigmentation anormale
chromophobe adenoma, adénome chromophobe
chromosome, chromosome
chronic, chronique
chyle, chyle
chylomicron, chylomicron
chylous, chyleux, chylifère
chyme, chyme
cicatricial, cicatriciel
cicatrix, cicatrice
cilia, cils
ciliary body, corps ciliaire
ciliated epithelium, épithélium cilié
cinchonism, quinquinisme
circa, autour

circadian, circadien
circinate, circiné
circulation, circulation
circumcision, circoncision
circumflex nerve, nerf circonflexe
cirrhosis, cirrhose
cirsoid, cirsoïde
cistern, citerne
cisterna magna, grande citerne cérébrale
cisternal puncture, ponction cisternale
citric acide cycle, cycle de l'acide citrique, cycle de Krebs
clamp, clamp, pince
clapping, percussions thoraciques
claudication, claudication
claustrophobia, claustrophobie
clavicle, clavicule
clavus, clou, cor, tubercule
clawfoot, pied-bot
clawhand, main en griffe
clean, propre
clear, clair, évident
clearance, clairance, clearance
cleavage, clivage, segmentation
cleft palate, bec de lièvre
cleidocranial dysostosis, dysostose cléido-crânienne
cleidotomy, cléidotomie
click, claquement, clic
climateric, climatère
clinic, clinique
clinical, clinique
clip, pince, agrafe
clitoris, clitoris
clone, clone
clonic, clonique
clonus, clonus
close, proche
closed, fermé
clot, caillot
clotting, coagulation
clubbing, hippocratisme
clubfoot, pied bot

clue, indice
clumping, agglutination
CNS, SNC (système nerveux central)
coagulation, coagulation
coarctation, coarctation
coat, couche, revêtement
cobalt, cobalt
cocaine, cocaïne
coccus, coccus
coccydynia, coccygodynie
coccyx, coccyx
cochlea, cochlée
cock-up splint, attelle pour dorsiflexion du poignet
code, code
codeine, codéine
codominance, codominance
codon, codon
coenzyme, coenzyme
cofactor, cofacteur
cognition, connaissance
coil, dispositif intrautérin, enroulement
coitus, coït
cold, froid, rhume
cold, to catch a-, s'enrhumer
cold agglutinin, agglutinine froide
colectomy, colectomie
colic, colique
coliform, coliforme
colitis, colite
collagen, collagène
collapse, collapsus
collarbone, clavicule
collateral, collateral
collection, collection, prélèvement
collodion, collodion
colloid, colloïde
colloboma, collobome
colon, côlon
colony, colonie
colostomy, colostomie
colostrum, colostrum

colotomy, colotomie
colour, couleur
colour blindness, daltonisme
colpitis, colpite, vaginite
colpocele, colpocèle
colpohysterectomy, colpohystérectomie
colpoperineorrhaphy, colpopérinéorraphie
colporrhaphy, colporraphie
colposcope, colposcope
colposcopy, colposcopie
colpotomy, colpotomie
column, colonne
coma, coma
comatose, comateux
combination, association
comedones, comédon
commensal, commensal
comment, commentaire
comminuted fracture, fracture comminutive
commissure, commissure
common, commun
communicable disease, maladie transmissible
communication, communication
compartment, compartiment, espace
compatibility, compatibilité
compensation, compensation
compensatory hypertrophy, hypertrophie compensatrice
complaint, plainte
complement, complément
complement fixation test, test de fixation du complément
complete, complet, entier
complex, complexe
compliance, compliance, conformité, observance
complication, complication
component, composant
compound, composé
compound fracture, fracture ouverte

comprehension, compréhension
compress, compresse
compression, compression
computer, ordinateur
computerized, assisté par ordinateur
computerized tomography, tomodensitométrie
concavity, concavité
concentrate, concentré
concentration, concentration
concentric, concentrique
conception, conception
concha auris, conque
concretion, concrétion, calcul
concussion, secousse, ébranlement, commotion
condensation, condensation
condenser, condensateur
conditioned reflex, réflex conditionné
conditioning, conditionnement
condom, condom
conductance, conductance
conduction, conduction
conductor, conducteur
condyle, condyle
condyloma, condylome
cone, cône
confabulation, confabulation
confinement, alitement, internement
confirmed, avéré
conflict, conflit
confusion, confusion
congenital, congénital
congenital heart disease, cardiopathie congénitale
congestion, congestion
congestion of the lungs, congestion pulmonaire
conization, conisation
conjugate, conjugué
conjugate diameter, diamètre promonto-rétropubien
conjunctiva, conjonctive

conjunctivitis, conjonctivite
connection, rapport, relation
connective, conjonctif
consanguinity, consanguinité
conservative, conservateur
consistent, constant, compatible
consolidation, consolidation
constant, constante
constipation, constipation
constitutional, constitutionnel
constriction, constriction, étranglement
consumption, consommation, tuberculose
contact, contact, contage
contact lens, lentille de contact
contagious, contagieux
content, contenu, teneur
contraception, contraception
contraceptive, anticonceptionnel, préservatif
contraceptive pills, contraceptifs oraux
contraction, contraction
contracture, contracture
contraindication, contre-indication
contralateral, controlatéral, contralatéral
contrecoup, contrecoup
control, contrôle, témoin, régulation
control animal, animal témoin
contusion, contusion
convalescence, convalescence
convection, convection
convenient, pratique, adapté
convergence, convergence
conversion, conversion
convex, convexe
convolution, circonvolution
convulsion, convulsion
cool, frais
cooling, refroidissement
copulation, copulation
cor pulmonale, cœur pulmonaire

coracoid, coracoïde
cord, corde, cordon
cord compression, compression médullaire
core, bourbillon, partie centrale, noyau
corn, cor, durillon
cornea, cornée
corneal graft, greffe cornéenne
corneal reflex, réflexe cornéen
corona dentis, couronne de dent
coronal suture, suture coronale
coronary vessel, vaisseau coronaire
coroner, coroner
coronoid, coronoïde
corpora quadrigemina, tubercules quadrijumeaux
corpulence, corpulency, corpulence, obésité
corpus, corps
corpus callosum, corps calleux
corpus ciliare, corps ciliaire
corpus luteum, corps jaune
corpus mamillare, corps mamillaire
corpus striatum, corps strié
corpus vertebral, corps vertébral
corpus vitreum, corps vitré
corpuscule, corpuscule
corrective, correctif
corrosive, corrosif
cortex, cortex
cortical, cortical
corticosteroid, corticostéroïde
corticotrophin, hormone corticotrope, ACTH
cortisol, cortisol
cortisone, cortisone
coryza, coryza
cosmetic, cosmétique
costal, costal
costochondritis, costochondrite
costoclavicular syndrome, syndrome du défilé costoclaviculaire

cot death, mort subite du nouveau-né
cotyledon, cotylédon
cough, toux
count, compte, numération
counter, compteur
counterirritation, révulsion, dérivation
course, cours, évolution, trajet
coverage, couverture
coxa, hanche
coxalgia, coxalgie
crab louse, pou du pubis, morpion
cradle, berceau
cramp, crampe
cranial nerve, nerf cranien
cranioclast, cranioclaste
craniometry, craniométrie
craniopharyngioma, craniopharyngiome
craniostenosis, craniosténose
craniosynostosis, craniosynostose
craniotabes, craniotabès
craniotomy, craniotomie
cranium, crâne
cream, crème
creatine, créatine
creatinine, créatinine
crepitation, crepitus, crépitation
crescent, croissant
crest, crête
cretinism, crétinisme
cribriform, criblé
cricoid cartilage, cartilage cricoïde
criminal abortion, avortement provoqué
crisis, crise
critical, critique
crossed laterality, latéralité croisée
cross-infection, infection surajoutée, contagion secondaire
cross-resistance, résistance croisée

croup, croup
crucial, crucial, cruciforme
crude, brut
crural, crural
crus, jambe, pédoncule
crush syndrome, syndrome d'é-
crasement
crust, croûte
crutch paralysis, paralysie des
béquillards
cry, cri, pleur
cryesthesia, cryesthésie
cryoanalgesia, cryoanalgésie
cryosurgery, cryochirurgie
cryotherapy, cryothérapie
cryptomenorrhea, cryptoménorrhée
cryptorchism, cryptorchidie
crystalloid, cristalloïde
crystalluria, cristallurie
CSF, LCR (liquide céphalorachidien)
cubit, cubitus, cubitus, coude
**cubital tunnel external com-
pression syndrome,** syndrome
du canal de Guyon
cuff, manchon, poignet
culdoscopy, culdoscopie
culture, culture
culture medium, milieu de culture
cumulative action, effet cumulatif
cuneiform, cunéiforme
cup, coupe
curare, curare
curative, curatif
cure, guérison
curettage, curetage
curette, curette
curie, curie
curl, boule
current, courant
curve, courbe

cusp, valve
cutaneous, cutané
cuticle, cuticule
cutis, derme
cutting, section
cyanocobalamin, cyanocobalamine
cyanosis, cyanose
cycle, cycle
cyclical vomiting, vomissement
acétonémique
cyclitis, cyclite
cyclodialysis, cyclodialyse
cycloplegia, cycloplégie
cyclothymia, cyclothymie
cyclotomy, cyclotomie
cyesis, grossesse
cyst, kyste
cystadenoma, cystadénome
cystectomy, cystectomie
cystic duct, canal cystique
cystic fibrosis, mucoviscidose
cysticercosis, cysticercose
cystine, cystine
cystinosis, cystinose
cystinuria, cystinurie
cystitis, cystite
cystocele, cystocèle
cystogram, cystographie
cystolithiasis, calcul vésical
cystometry, cystométrie
cystoscope, cystoscope
cystostomy, cystostomie
cystotomy, cystotomie
cytochrome, cytochrome
cytogenetics, cytogénétique
cytology, cytologie
cytolysis, cytolyse
cytometer, cytomètre
cytopathic, cytopathogène
cytoplasm, cytoplasme
cytotoxic, cytotoxique
cytotoxin, cytotoxine
cytotrophoblast, cytotrophoblaste

D

dacryoadenitis, dacryoadénite
dacryocystitis, dacryocystite
dacryocystorhinostomy, dacryocystorhinostomie
dacryolith, dacryolithe
dactyl, doigt
dactylitis, dactylie
dactylology, dactylologie
daily, quotidien
daltonism, daltonisme
damage, altération, lésion
damp, humide
damping, amortissement
dandruff, pellicule
dark adaptation, adaptation à l'obscurité
darwinism, darwinisme
data, données
date, date
daughter, fille
day, jour
dB, décibel, dB
dead, mort
dead birth, mort-né
dead space, espace mort
dead volume, espace mort respiratoire
deaf mute, sourd-muet
deafness, surdité
deamination, désamination
death, mort
death, brain-, mort cérébrale
debility, débilité
debridement, débridement
decapitation, décollation
decapsulation, décapsulation
decay, décomposition

decerebrate, décérébré
decerebrate rigidity, rigidité de décérébration
decidua, caduque
deciduous teeth, dents de lait
decompensation, décompensation
decomposition, décomposition
decompression, décompression
decompression sickness, maladie des caissons
deconditioning, déconditionnement
decortication, décortication
decrement, diminution
decubitus, décubitus
decussation, décussation
deep, profond
deep frost-bite, gelure
defecation, défécation
defect, tare, anomalie
defibrillator, défibrillateur
defibrinated, défibriné
deficiency, insuffisance, carence
deficiency disease, maladie de carence
deformity, déformation, diformité
degeneration, dégénérescence
deglutition, déglutition
dégradation, dégradation
dehydration, déshydratation
dehydrogenase, déshydrogénase
delay, délai, retard
deletion, délétion
delirium, confusion mentale
delirium tremens, delirium tremens
delivery, accouchement
deltoid, deltoïde
delusion, hallucination, délire
demarcation, démarcation
dementia, démence
demography, démographie
demulcent, emollient, adoucissant
demyelinating disease, affection démyélinisante

denaturation, dénaturation

dendrite, dendrite

denervated, dénervé

dengue, dengue

density, densité

dental, dentaire

dentate, denté

dentin, dentine

dentist, dentiste

dentition, dentition

denture, dentier

denutrition, dénutrition

deodorant, déodorant, désodorisant

deoxidation, désoxydation

deoxyribonucleic acid (DNA), acide désoxyribonucléique (ADN)

dependance, dépendance

depersonalization, dépersonnalisation

depilatory, dépilatoire

depletion, déplétion

deposit, dépôt, précipité

depressant, sédatif, dépresseur

depression, dépression

depression, involutional-, dépression d'involution

depression, reactive-, dépression réactionnelle

deprivation, privation, carence

depth, profondeur

Derbyshire neck, goître

derivation, dérivation

derivative, dérivé

derma, derme

dermatitis, dermatite

dermatoglyphics, dermatoglyphes

dermatography, dermatographie

dermatologist, dermatologiste

dermatology, dermatologie

dermatome, dermatome

dermatomycosis, dermatomycose

dermatomyositis, dermatomyosite

dermatophyte, dermatophyte

dermatosis, dermatose

dermis, derme

dermographia, dermographie

dermoid cyst, kyste dermoïde

descending, descendant

desensitization, désensibilisation

desiccation, dessication

design, schéma

desmoid, desmoïde, fibreux

desquamation, desquamation

detached retina, décollement de la rétine

detergent, détergent

deterioration, détérioration

determination, mise en évidence

detoxication, détoxication, désintoxication

detritus, détritus

detrusor urinae, détrusor

deuteranomaly, deutéranomalie

development, développement

deviation, déviation

device, dispositif, appareil

dexter, droit

dextran, dextran

dextrine, dextrine

dextrocardia, dextrocardie

dextrose, dextrose

dhobi itch, tinea cruris

diabetes insipidus, diabète insipide

diabetes mellitus, diabète sucré

diabetic, diabétique

diabetogenic, diabétogène

diacetic acid, acide diacétique

diagnosis, diagnostic

diagnostic, diagnostic

dialysis, dialyse

diameter, diamètre

diapedesis, diapédèse

diaper, couches de bébé

diaphoretic, diaphorétique

diaphragm, diaphragme

diaphragmatic hernia, hernie diaphragmatique

diaphysis, diaphyse
diarrhea, diarrhée
diarthrosis, diarthrose
diastase, diastase
diastasis, diastasis
diastole, diastole
diastolic, diastolique
diathermy, diathermie
diathesis, diathèse
dichotomy, dichotomie
dicrotic, dicrote
die, mourir
dielectric, diélectrique
diet, alimentation, régime
dietary, alimentaire
dietetics, diététique
dietetitian, diététicien
differential blood count, numération avec formule leucocytaire
differential diagnosis, diagnostic différentiel
diffraction, diffraction
diffusion, diffusion
digestion, digestion
digit, doigt
digitalis, digitale
dilatation, dilatation
dilator, dilateur
dilution, dilution
dimple, fossette
dioptre, dioptrie
dioxide, dioxyde
diphtheria, diphtérie
diplegia, diplégie
diplococcus, diplocoque
diploe, diploé
diploid, diploïde
diplopia, diplopie
dipsomania, dipsomanie
director, guide
dirty, sale
disability, incapacité
disable, infirme
disaccharide, disaccharide
disappearence, disparition
disarticulation, désarticulation

discharge, écoulement, évacuation, libération, décharge
discission, discission
discrete, discret
disc ou disk, disque
disease, maladie, affection
disinfectant, désinfectant
disinfestation, désinfestation
disjunction, disjonction
disk, optic-, disque optique
disk, vertebral-, disque vertébral
dislocation, luxation
disorder, trouble
disorientation, désorientation
dispensing, préparation des médicaments
displacement, déplacement
display, exposition, présentation
disposable, à usage unique
disproportion, disproportion
disruption, rupture
dissection, dissection
disseminated, disséminé
disseminated sclerosis, sclérose en plaque
dissociation, dissociation
dissolution, dissolution
distal, distal
distichiasis, distichiase
distillation, distillation
distress, souffrance, détresse
distribution, répartition
disturbance, trouble, perturbation
disuse, non-utilisation
diuresis, diurèse
diuretic, diurétique
diurnal, diurne
diver's paralysis, maladie des caissons
diverticulitis, diverticulite
diverticulosis, diverticulose
diverticulum, diverticule
diving, plongée
division, division
dizygotic twins, jumeaux dizygotes

DNA, ADN
dolor, douleur
dominant, dominant
donor, donneur
dopa reaction, dopa-réaction
dopamine, dopamine
dope, dopant
doping, dopage
dorsal, dorsal
dorsal root, racine dorsale
dorsiflexion, dorsiflexion
dorsum, dos
dosage, posologie
dose, dose
dot, point, tâche
double-blind trial, essai en double aveugle
double vision, diplopie
douche, douche
Down's syndrome, mongolisme, trisomie 21
drain, mèche, drain
drainage tube, drain
drastic, énergique
draught, potion
dream, rêve
dressing, pansement
drink, boire
drinking water, eau potable
drip, goutte-à-goutte
drive, conduite, pulsion
drop, goutte
droplet infection, infection par aérosol
dropsy, hydropisie
drowning, noyade
drug, médicament
drug addiction, toxicomanie
drug eruption, toxidermie
drug reaction, réaction médicamenteuse
dry, sec

duct, canal, conduit
ductless gland, glande endocrine
ductus, canal
ductus arteriosus, canal artériel
dull, lent, lourd, sourd
dumb, muet
dumping syndrome, dumping syndrome, syndrome de chasse
duodenal, duodénal
duodenostomy, duodénostomie
duodenum, duodénum
duplication, duplication, dédoublement
dura mater, dure-mère
dust, poussière
dwarf, nain
dye, colorant
dying, mourant
dysarthria, dysarthrie
dyschezia, dyschésie
dyschondroplasia, dyschondroplasie
dyscoria, dyscorie
dysdiadocokinesia, dysdiadococinésie
dysentery, dysentérie
dysesthesia, dysesthésie
dysfunction, dysfonctionnement
dyskinesia, dyskinésie
dyslalia, dyslalie
dyslexia, dyslexie
dysmenorrhea, dysmenorrhée
dysostosis, dysostose
dyspareunia, dyspareunie
dyspepsia, dyspepsie
dysphagia, dysphagie
dysphasia, dysphasie
dysplasia, dysplasie
dyspnea, dyspnée
dystocia, dystocie
dystrophy, dystrophie
dysuria, dysurie

E

ear, oreille
ear ache, otalgie
ear bone, osselet
ear drum, tympan
ear wax, cérumen
early, précoce
earth, terre
ecchondroma, ecchondrome
ecchymosis, ecchymose
eccrine, eccrine
Echinococcus, échinocoque
echocardiography, échocardiographie
echolalia, écholalie
eclampsia, éclampsie
ecmnesia, amnésie antérograde
ecology, écologie
ectasia, ectasie
ecthyma, ecthyma
ectoderm, ectoderme
ectogenous, exogène
-ectomy, -ectomie
ectopic, ectopique
ectopic pregnancy, grossesse extra-utérine
ectrodactylia, ectrodactylie
ectropion, ectropion
eczema, eczéma
edema, œdème
edge, bord
EDTA, acide éthylène diamine tetra acétique, EDTA
effect, effet, action, influence
effect, after-, séquelle
effect, side-, réaction secondaire
effective, efficace
effector, effecteur

efferent, efférent
effervescent, effervescent
efficiency, efficacité, rendement
effleurage, effleurage
effort, effort
effort syndrome, asthénie neurocirculatoire
effusion, effusion, épanchement
egg, œuf
egocentric, égocentrique
ejaculation, éjaculation
elastic, élastique
elastin, élastine
elastosis, élastose
elation, exaltation
elbow, coude
elderly, personne âgée
electrocardiogram (ECG), électrocardiogramme (ECG)
electrocardiophonography, électrophonocardiographie
electroconvulsive therapy, électrochoc
electrode, électrode
electroencephalogram (EEG), électroencéphalogramme (EEG)
electrolysis, électrolyse
electrolyte, électrolyte
electromagnetic, électromagnétique
electromotive force, force électromotrice
electromyography (EMG), électromyographie, (EMG)
electron, électron
electron microscopy, microscopie électronique
electrophoresis, électrophorèse
electroretinogram, électrorétinogramme
elephantiasis, éléphantiasis
element, élément
elimination, élimination
elixir, élixir
elution, élution
emaciation, émaciation

embolectomy, embolectomie
embolism, embolie
embolus, embole
embrocation, embrocation
embryo, embryon
embryology, embryologie
embryoma, embryome
embryopathy, embryopathie
embryotome, embryotome
embryotomy, embryotomie
emesis, vomissement
emetic, émétique
emiction, miction
emission, émission
emmetropia, emmétropie
emollient, émollient
emotion, émotion
empathy, empathie
emphasis, importance relative accordée à une chose
emphysema, emphysème
empiricism, empirisme
empty, vide
empyema, empyème0
emulsion, émulsion
enamel, émail
enarthrosis, énarthrose
encephalic, encéphalique
encephalitis, encéphalite
encephalocele, encéphalocèle
encephalography, encéphalographie
encephalomacia, encéphalomacie
encephalomyelitis, encéphalomyélite
encephalon, encéphale
encephalopathy, encéphalopathie
enchondroma, enchondrome
encopresis, encoprésie
encysted, enkysté
end, bout, terminaison
end organ, terminaison d'un nerf afférent
endarteritis, endartérite

endemic, endémique
ending, terminaison
endocarditis, endocardite
endocervicitis, endocervicite
endocrine, endocrine
endocrinology, endocrinologie
endoderm, endoderme
endogenous, endogène
endolymph, endolymphe
endometrioma, endométriome
endometriosis, endométriose
endometritis, endométrite
endometrium, endomètre
endoneurium, endonèvre
endoplasmic reticulum, réticulum endoplasmique
endorphin, endorphine
endoscope, endoscope
endothelioma, endothéliome
endothelium, endothélium
endotoxin, endotoxine
endotracheal, endotrachéal
enema, lavement
energy, énergie
energy balance, bilan énergétique
enervating, amollissant, énervant
engagement, engagement
engorgement, engorgement
enophthalmos, énophtalmie
enostosis, énostose
ensiform cartilage, appendice xiphoïde
enteral, intestinal
enteral feeding, alimentation parentérale
enterectomy, entérectomie
enteric, entérique intestinal
enteric fever, fièvre typhoïde
enteritis, entérite
enterobiasis, oxyurose
enterocele, entérocèle
enterococcus, entérocoque
enterocolitis, entérocolite
enterokinase, entérokinase
enterolith, entérolithe

enteroptosis, entéroptose

enterostenosis, entérosténose

enterotomy, entérotomie

enterovirus, entérovirus

entropion, entropion

enucleation, énucléation

enuresis, énurésie

environment, environnement, milieu ambiant

enzyme, enzyme

eosin, éosine

eosinophil, éosinophile

eosinophilia, éosinophilie

ependyma, épendyme

ependymoma, épendymome

ephedrine, éphédrine

ephelis, éphélide, tache de rousseur

epiblepharon, épiblépharon

epicanthus, épicanthus

epicardium, épicarde

epicondyle, épicondyle

epicranium, épicrâne

epidemic, épidémie, épidémique

epidemiology, épidémiologie

epidermis, épiderme

epidermolysis, épidermolyse

epidermophytosis, épidermophytose

epididymitis, épididymite

epididymo-orchitis, orchi-épididymite

epidural, épidural

epidural analgesia, anesthésie péridurale

epidural hematoma, hématome extradural

epigastrium, épigastre

epiglottis, épiglotte

epilation, épilation

epilepsy, épilepsie

epileptic crisis ou seizure, crise d'épilepsie

epileptiform, épileptiforme

epiloia, épiloïa

epimenorrhea, polyménorrhée

epinephrine, adrénaline

epineurium, épinèvre, périnèvre

epiphora, épiphora

epiphysis, épiphyse

epiphysis cerebri, glande pinéale

epiphysitis, épiphysite

epiploon, épiploon

episcleritis, épisclérite

episiotomy, épisiotomie

epispadias, épispadias

epistaxis, épistaxis

epithelial, épithélial

epithelial cast, cylindre épithélial

epithelioma, épithéliome

epithelium, épithélium

epitrochlea, épitrochlée

epulis, épulis

equilibrium, équilibre

erasion, éraflement

erect, droit, debout

erectile, érectile

erector, érecteur

ergograph, ergographe

ergometer, ergomètre

ergonomy, ergonomie

ergosterol, ergostérol

ergotism, ergotisme

erosion, érosion

erotic, érotique

error, erreur

error, standard-, erreur-type

eructation, éructation

eruption, éruption

erysipelas, érysipèle

erysipeloid, érysipéloïde

erythema, érythème

erythema multiforme, érythème polymorphe

erythema nodosum, érythème noueux

erythrasma, érythrasma

erythroblast, érythroblaste

erythroblastosis fetalis, érythroblastose fœtale

erythrocyanosis, érythrocyanose

erythrocyte, érythrocyte
erythrocyte sedimentation rate, vitesse de sédimentation globulaire
erythrocytopenia, érythrocytopénie
erythrocytosis, érythrocytose
erythroderma, érythrodermie
erythropoiesis, érythropoïèse
escape, échappement
eschar, escarre
esophageal, œsophagien
esophagectomy, œsophagectomie
esophagitis, œsophagite
esophagoscopy, œsophagoscopie
esophagus, œsophage
esoteric, ésotérique
esotropia, ésotropie
essentiae, essence
essential, essentiel
estrogen, œstrogène
ethanol, alcool éthylique
ethics, éthique
ethmoid, ethmoïde
ethnology, ethnologie
etiology, étiologie
eugenics, eugénie
eunuch, eunuque
euphoria, euphorie
euploid, euploïde
euthanasia, euthanasie
evacuation, évacuation
evaporation, évaporation
event, événement, fait
eventration, éventration
eversion, éversion
evidence, preuve, mise en évidence
evisceration, éviscération
evolution, évolution
evulsion, évulsion
exacerbation, exarcerbation
examination, examen
exanthema, exanthème
excess, excès

exchange trasfusion, exsanguino-transfusion
excipient, excipient
excision, excision
excitability, excitabilité
excitement, agitation
excoriation, excoriation
excrement, excrément
excreta, excreta
exenteration, exentération
exercise, exercice, effort
exfoliation, exfoliation
exfoliature cytology, cytologie exfoliatrice
exhibitionism, exhibitionnisme
exhumation, exhumation
exogenous, exogène
exomphalos, exomphalos
exostosis, exostose
exotoxin, exotoxine
expansion, expansion, ampliation
expectorant, expectorant
expectoration, expectoration
expenditure, dépense
experiment, expérience
experimental, expérimental
expiratory flow rate, débit expiratoire
expiratory reserve volume, volume de réserve expiratoire
exploration, exploration, examen
exposure, exposition
expression, expression
expulsion, expulsion
exsanguinate, exsangue
extended, étendu, prolongé
extension, extension
extensor, extenseur
external, externe
extirpate, extirper
extracapsular, extracapsulaire
extracellular, extracellulaire
extract, extrait
extrapyramidal tract, voie extra-pyramydale
extrasystole, extrasystole

extrauterine gestation, grossesse
  extrautérine
extravasation, extravasation
extremity, extrêmité
extrinsic, extrinsèque
extrovert, extroverti

exudation, exsudation
eye, œil
eyeball, globe oculaire
eyebrow, sourcil
eyelid, paupière
eyetooth, dent canine

F

face, face, figure
face presentation, présentation de la face
facet, facette
facial, facial
facial nerve, nerf facial
facial paralysis, paralysie faciale
facies, faciès
factor, facteur
facultative, facultatif
faculty, faculté, pouvoir
Fahrenheit, Fahrenheit
failure, insuffisance, échec
faint, syncope, évanouissement
falciform, falciforme
fall, chute
fallout, retombée radioactive
false, faux
falx cerebri, faux du cerveau
familial, familial
family planning, planification familiale
fanaticism, fanatisme
fantasy, fantasme
far, loin
faradism, faradisation
farmer's lung, poumon du fermier
farsight, hypermétropie
fascia, fascia, aponévrose
fascicle, fascicule, faisceau
fasciculation, fasciculation
fast, jeûne
fast, acid-, acido-résistant
fasting, à jeun
fat, graisse, matière grasse
fat cell, adipocyte

fat embolism, embolie graisseuse
fat-soluble, liposoluble
fatal, mortel
fate, sort, destin
fatigue, fatigue, surmenage
fatness, adiposité
fatty, graisseux, gras
fatty acid, acide gras
fatty degeneration, dégénérescence graisseuse
favism, favisme
favus, favus
fear, crainte
feature, caractéristique
febrile, fébrile
feces, fecès, selles
fecundation, fécondation
fecondity, fécondité
fee, honoraires
feeble, faible, débile
feeble-minded, débile, arriéré
feed, alimentation, nourriture
feedback, rétroaction, boucle de retour
feeding, alimentation
feeling, tact, sensation, sentiment
fel, bile
female, femelle, femme
femoral, femoral
femoral nerve, nerf crural
femoral triangle, triangle de Scarpa
femur, fémur
fenestra, fenêtre
fenestration, fenestration
fermentation, fermentation
fertility, fertilité
fertilization, fertilisation
fester, ulcération cutanée, pustule, suppuration
fetal, fœtal
fetichism, fétichisme
fetor, puanteur
fetus, fœtus
FEV1, volume expiratoire maximal seconde (VEMS)

fever, fièvre
fiber, fibre
fibrillation, fibrillation
fibrin, fibrine
fibroadenoma, adénofibrome
fibroblast, fibroblaste
fibrocartilage, fibrocartilage
fibrochondritis, fibrochondrite
fibrocystic disease, mucoviscidose
fibroelastosis, fibroélastose
fibroid, fibrome utérin
fibroma, fibrome
fibromyoma, fibromyome
fibrosarcoma, fibrosarcome
fibrosis, fibrose
fibrositis, fibrosite
fibula, péroné
field of vision, champ de vision
filament, filament
filaria, filaire
filiform, filiforme
filling, remplissage
filter, filtre, écran
filtration, filtration
filum, filament, filum
filum terminale, filum terminale
fimbria, frange
finger, doigt
finger print, empreinte digitale
first intention, cicatrisation de première intention
fissure, fente, fissure, scissure
fistula, fistule
fit, accès, attaque
fit of coughing, quinte de toux
fixation, fixation
flabby, flasque, mou
flaccid, flasque
flagellation, flagellation
flagellum, flagelle
flame photometer, photomètre de flamme
flap, lambeau
flare, érythème, poussée
flatfoot, pied plat

flatulence, flatulence
flatus, gaz intestinal, flatulence
flea, puce
flesh, chair
flexion, flexion
flexor, fléchisseur
flexure, flexion, angle, courbure
flight, vol, fuite
flooding, hémorragie utérine
floor, plancher
flow, écoulement, flux, débit
fluctuation, fluctuation
fluid, liquide
fluke, trématode, douve
fluoresceine, fluorescéine
fluorescent screen, écran fluorescent
fluoridation, fluoration
fluorine, fluor
fluoroscopy, fluoroscopie
flush, rongeur
flutter, flutter, palpitation
flux, flux
fluxion, fluxion
fly, mouche
flying squad, antenne de réanimation
foam, mousse
focus, foyer
focusing, mise au point
fold, repli
folic acid, acide folique
follicle, follicule
follicle stimulating hormone (FSH), hormone folliculostimulante (FSH)
follicular keratosis, phrynodermie
follow-up, suivi
fomentation, fomentation
fontanelle, fontanelle
food, nourriture, aliment
food intake, ration alimentaire
food poisoning, intoxication alimentaire
food stuff, denrée alimentaire

foot, pied
foot and mouth disease, fièvre aphteuse
foot-drop, pied tombant
foramen, orifice, foramen
foramen magnum, trou occipital
foramen ovale, trou de Botal
force, force
forceps, pince, forceps
forearm, avant-bras
forearm crutch, canne anglaise
forebrain, cerveau antérieur
forehead, front
foreign body, corps étranger
forensic medicine, médecine légale
foreskin, prépuce
form, forme, formulaire
formication, fourmillement
formula, ordonnance
formulary, formulaire
fornix, fornix, trigone
fossa, fosse
fostering, mise en nourrice
fourchette, fourchette vulvaire
fovea, fovea
fraction fraction
fracture, fracture
fragilitas ossium, fragilité osseuse
fragility, fragilité
framboesia, pian
frame, cadre
free, libre
free fat acid, acide gras libre
freeze-drying, lyophilisation
freezing, congélation
fremitus, frémissement
frenum, frein

frequency, fréquence
fresh, frais
freudian, freudien
friction, friction
friction sound, frottement
frigidity, frigidité
frog, grenouille
front, devant, front
frontal, frontal
frontal bone, os frontal
frontal sinus, sinus frontal
frostbite, gelure
frozen shoulder, épaule gelée, bloquée
fructose, fructose
fructosuria, fructosurie
frustration, frustration
FTA-test, test aux anticorps tréponémiques fluorescents
fugue, fugue
full, plein, complet
full-term, à terme
fulminating, foudroyant
fumigation, fumigation
function, fonction
functional disorder, trouble fonctionnel
fundamental, fondamental
fundus, fond, fundus
fungicide, fongicide
fungus, champignon
funiculitis, funiculite
funnel chest, thorax en entonnoir
funnybone, petit juif
furuncle, furoncle
furunculosis, furonculose
fusiform, fusiforme

G

gag, ouvre-bouche
gait, démarche, allure
galactocele, galactocèle
galactogogue, galactogogue
galactorrhea, galactorrhée
galactose, galactose
galactosemia, galactosémie
gall, bile
gallbladder, vésicule biliaire
gallop rhythm, bruit de galop
gallstone, calcul biliaire
galvanism, galvanisme
galvanometer, galvanomètre
gamete, gamète
gammaglobuline, gammaglobuline
gamma ray, rayon gamma
ganglion, ganglion
ganglionectomy, gangliectomie
gangrene, gangrène
gap, trou
gap-junction, gap-junction
gargle, gargarisme
gargoylism, gargoylisme
gas-gangrene, gangrène gazeuse
gasoline, essence
gastrectomy, gastrectomie
gastric, gastrique
gastric juice, suc gastrique
gastric lavage, lavage gastrique
gastrin, gastrine
gastritis, gastrite
gastrocele, gastrocèle
gastrocnemius muscles, muscles
jumeaux de la jambe
gastrocolic reflex, réflexe gastrocolique

gastroduodenostomy, gastroduodénostomie
gastroenterostomy, gastroentérostomie
gastroenteritis, gastroentérite
gastrogastrostomy, gastrogastrostomie
gastrojejunostomy, gastrojéjunostomie
gastrointestinal tract, tube digestif
gastrolysis, gastrolyse
gastropexy, gastropexie
gastroptosis, gastroptose
gastroscope, gastroscope
gastrostomy, gastrostomie
gastrulation, gastrulation
gate, porte, portillon
gauge, jauge, calibre
gauze, gaze
gavage, gavage
Geiger counter, compteur Geiger
gel, gel
gelatin, gélatine
gemelli muscles, muscles jumeaux
gene, gène
general, général
generation, génération
genetic, génétique
genetics, génétique
geniculate body, corps genouillé
geniculate ganglion, ganglion
géniculé
genitalia , organes génitaux
genome, génome
genotype, génotype
gentian violet, violet de gentiane
genu, genou
genupectoral position, position
genu-pectorale
geriatrics, gériatrie
germ, germe
germ-free, axénique
german measles, rubéole
germicide, germicide
gerontology, gérontologie

gestation, gestation, grossesse
giardiasis, giardiase
gigantism, gigantisme
gingival, gingival
gingivitis, gingivite
ginglymus, ginglyme
girdle, ceinture
glabella, glabelle
glairy, glaireux, visqueux
gland, glande
glanders, morve
glandular fever, mononucléose infectieuse
glans, gland
glare, éblouissement
glass, verre
glasses, verres correcteurs, lunettes
glaucoma, glaucome
glenoid, glénoïde
glia, nevroglie
glioma, gliome
gliomyoma, gliomyome
glitter, éclat
globulin, globuline
globus pallidus, pallidum
glomerulonephritis, glomérulo-néphrite
glomerulus, glomérule
glomus tumor, tumeur glomique
glossa, langue
glossal, lingual
glossectomy, ablation de la langue
glossitis, glossite
glossodynia, glossodynie
glossopharyngeal, glossopharyn-gien
glossoplegia, glossoplégie
glottis, glotte
glove, gant
glucagon, glucagon
glucocorticoids, glucocorticoïdes
glucose, glucose
glucose tolerance test, test de tolérance au glucose
glue ear, otite muqueuse à tym-pan fermé

glue sniffing, toxicomanie à la colle
gluteal, fessier
gluten, gluten
gluteus muscle, muscle fessier
glycemia, glycémie
glycerin, glycérine
glycine, glycine
glycogen, glycogène
glycogenesis, glycogènèse
glycogenolysis, glycogénolyse
glycolysis, glycolyse
glycoprotein, glycoprotéine
glycosuria, glycosurie
gnathic, mandibulaire, gnathique
goblet cells, cellules caliciformes
goiter, goître
gold, or
gonad, gonade
gonadal dysgenesis, dysgénésie gonadique
gonadotrophic, gonadotro-phique
gonadotrophin, gonadotrophine
gonads, gonades
gonococcus, gonocoque
gonorrhea, gonorrhée
gouge, gouge
gout, goutte
grade, rang, degré
gradient, gradient
grading, classement
graft, greffe
grafting, transplantation
gram, gramme
granular, granulaire
granular layer, stratum granulo-sum
granulation tissue, bourgeon charnu
granule, granule
granulocyte, granulocyte
granuloma, granulome
granulomatosis, granulomatose
graph, graphe
grasping, préhension, agripement

gravel, gravelle
Grave's disease, maladie de Basedow
gravid, gravide, enceinte
gravity, gravité, poids
gray matter, substance grise
greenstick fracture, fracture en bois vert
grid, grille, grillage
grip, poigne
grippe, grippe
groin, aine
grommet, yoyo
groove, sillon, gouttière
gross, macroscopique
group, groupe

growing pain, douleur de croissance
growth, croissance
growth rate, taux de croissance
guaiacum, résine de gaiac
guineapig, cobaye
guineaworm, ver de Guinée, filaire de Médine
gullet, œsophage
gumboil, abcès gingival
gumma, gomme
gustatory, gustatif
gut, intestin
gynecologie, gynécologie
gynecomastia, gynécomastie
gyrus, circonvolution, pli

H

habit, habitude
habitat, habitat
hair, cheveu, poil
hair ball, trichobézoard
hair follicle, follicule pileux
half-life, demi-vie, période
halitosis, halitose, mauvaise haleine
hallucination, hallucination
hallucinogen, hallucinogène
hallux, orteil, hallux
halogen, halogène
hamartoma, hamartome
hamate bone, os unciforme, os crochu du carpe
hammer toe, orteil en marteau
harmstring, muscle de la loge postérieure de la cuisse ou de la jambe
hand, main
handicapped, handicapé
handling, manipulation
hangnail, envie de l'ongle
haploid, haploïde
hapten, haptène
hardening, durcissement
hare lip, bec de lièvre
hashishism, cannabisme
haustration, haustration
hay fever, rhume des foins
head, tête
headache, céphalée
healing, guérison, cicatrisation
health, santé
heart, cœur
heart block, bloc cardiaque
heartburn, brûlures gastriques

heart disease, cardiopathie
heart failure, insuffisance cardiaque
heart lung machine, cœur-poumon artificiel
heart murmur, souffle cardiaque
heart sounds, bruits du cœur
heat, chaleur
heat exhaustion, épuisement par la chaleur
heat stroke, coup de chaleur
heavy, lourd
hebephrenia, hébéphrénie
Heberden's nodes, nodosités d'Heberden
hedonism, hédonisme
heel, talon
heel bone, calcanéum
height, hauteur, taille
hela cell, cellule hela
heliotherapy, héliothérapie
helium, hélium
helix, hélice, hélix
helminth, helminthe
helminthagogue, anthelminthique
helminthiasis, helminthiase
helminthology, helminthologie
help, aide
hem, hème
hemagglutinin, hémagglutinine
hemangioma, hémangiome
hemarthrosis, hémarthrose
hematemesis, hématémèse
hematin, hématine
hematinic, hématinique
hematocele, hématocèle
hematocolpos, hématocolpos
hematocrit, hématocrite
hematology, hématologie
hematome, hématome
hematometre, hématomètre
hematomyelia, hématomyélie
hematoporphyrin, hématoporphyrine
hematorrhachis, hématorrachis

hematosalpinx, hématosalpinx
hematoxylin, hématoxyline
hematozoa, hématozoaire
hematuria, hématurie
hemeralopia, héméralopie
hemianopsia, hémianopsie
hemiatrophy, hémiatrophie
hemiballismus, hémiballisme
hemicolectomy, hémicolectomie
hemicrania, hémicrânie
hemiparesia, hémiparésie
hemiplegia, hémiplégie
hemisphere, hémisphère
hemizygous, hémizygote
hemochromatosis, hémochromatose
hemoconcentration, hémoconcentration
hemocytometre, hémocytomètre
hemodialysis, hémodialyse
hemoglobin, hémoglobine
hemoglobinometer, hémoglobinomètre
hemoglobinuria, hémoglobinurie
hemolysin, hémolysine
hemolytic, hémolytique
hemolytic anemia, anémie hémolytique
hemopericardium, hémopéricarde
hemoperitoneum, hémopéritoine
hemophilia, hémophilie
hemophilic arthropathy, arthropathie des hémophiles
hemophthalmia, hémophtalmie
hemopoiesis, hémopoïèse
hemopoietin, hémopoïètine
hemoptysis, hémoptysie
hemorrhage, hémorragie
hemorrhoidectomy, excision des hémorroïdes
hemorrhoids, hémorroïdes
hemostasis, hémostase
hemostatic, hémostatique

hemothorax, hémothorax
Henoch's purpura, purpura rhumatoïde
hepar, foie
heparine, héparine
hepatectomy, hépatectomie
hepatic, hépatique
hepatic cell, hépatocyte
hepatic ducts, voies biliaires
hepatitis, hépatite
hepatization, hépatisation
hepatocele, hépatocèle
hepatolenticular, hépatolenticulaire
hepatoma, hépatome
hepatomegaly, hépatomégalie
hepatosplenomegaly, hépatosplénomégalie
hereditary, héréditaire
heredity, hérédité
hermaphrodite, hermaphrodite
hermetic, hermétique
hernia, hernie
hernioplasty, hernioplastie
herniorrhaphy, herniorraphie
herniotomy, herniotomie
heroin, héroïne
herpangine, herpangine, angine herpétiforme
herpes corneae, kératite herpétique
herpes simplex, herpès
herpes zoster, zona
herpetic, herpétique
herpetiform, herpétiforme
heterogenous, hétérogène
heterograft, hétérogreffe
heterologous, hétérologue
heterophoria, hétérophorie
heterotropia, hétérotropie
heterozygous, hétérozygote
hiatus, orifice, ouverture
hiatus hernia, hernie hiatale
hibernation, hibernation
hiccough (hiccup), hoquet
hidradenitis, hidrosadénite

hidrosis, hidrose
high, élevé, haut
hilar, hilaire
hilum, hile
hind, postérieur
hindquarters, arrière-train
hip, hanche
hip bone, ischion, os iliaque
hip joint, articulation coxo-fémorale
hippocamp, hippocampe
hippocratic, hippocratique
hirsutism, hirsutisme
His bundle, faisceau de His
histamine, histamine
histidine, histidine
histiocyte, histiocyte
histochemistry, histochimie
histogenesis, histogenèse
histology, hystologie
histoplasmosis, histoplasmose
history, antécédents
HIV, virus de l'immunodéficience
  humaine
hives, urticaire
hoarse, enroué, rauque
hobnail liver, foie cirrhotique
hole, trou
hollow, creux
home care, hospitalisation à domicile
homeopathy, homéopathie
homeostasis, homéostasie
homeothermal, homéotherme
homicide, homicide
homogeneous, homogène
homograft, homéogreffe
homolateral, homolatéral
homologous, homologue
homosexuality, homosexualité
homozygous, homozygote
hook, crochet
hooklike, unciforme
hookworm, ankylostome
hordeolum, orgelet
hormone, hormone
horn, corne

horseshoe kidney, rein en fer à
  cheval
hospital, hôpital
host, hôte
hot, chaud
hourglass contraction, contraction en sablier
house maid's knee, hyggroma
  du genou
housing, hébergement
human, humain
humanized milk, lait maternisé
humerus, humérus
humidity, humidité
humor, humeur
humor aquosus, humeur aqueuse
hunger, faim
hungerpain, faim douloureuse
hyaline, hyalin
hyaloid membrane, membrane
  hyaloïde du corps vitré
hybrid, hybride
hydarthrosis, hydarthrose
hydatid, kyste hydatique
hydatiform mole, môle hydatiforme
hydragogue, hydragogue
hydramnios, hydramnios
hydratation, hydratation
hydrocarbon, hydrocarbure
hydrocele, hydrocèle
hydrocephalus, hydrocéphalie
hydrochloric acid, acide chlorhydrique
hydrochloride, chlorhydrate
hydrocortisone, hydrocortisone
hydrogen, hydrogène
hydrolysis, hydrolyse
hydrometer, hydromètre
hydrometra, hydromètrie
hydronephrosis, hydronéphrose
hydropathic, hydropathique
hydropericardium, hydropéricarde
hydroperitoneum, hydropéritoine

hydrophobia, hydrophobie
hydropneumothorax, hydropneumothorax
hydrops, hydropisie
hydrops fetalis, anasarque fœtoplacentaire
hydrosalpinx, hydrosalpinx
hydrotherapy, hydrothéraphie
hydrothorax, hydrothorax
5 - hydroxytryptamine (5 - HT), 5 - hydroxytryptamine
hygiene, hygiène
hygroma, hygroma
hygrometer, hygromètre
hygroscopic, hygroscopique
hymen, hymen
hymenotomy, hyménotomie
hyoid bone, os hyoïde
hyperacidity, hyperacidité
hyperactivity, hyperactivité
hyperalgesia, hyperalgésie
hyperbaric, hyperbarique
hyperbilirubinemia, hyperbilirubinémie
hypercalcemia, hypercalcémie
hypercapnia, hypercapnie
hyperchlorhydria, hyperchlorhydrie
hypercholesterolemia, hypercholestérolémie
hyperchromia, hyperchromie
hyperemia, hyperémie
hyperesthesia, hyperesthésie
hyperexcitability, hyperexcitabilité
hyperextension, hyperextension
hyperflexion, hyperflexion
hyperglycemia, hyperglycémie
hypergonadism, hypergonadisme
hyperhidrosis, hyperhidrose
hyperkalemia, hyperkaliémie
hyperkeratosis, hyperkératose
hyperkinesis, hyperkinésie
hyperlipemia, hyperlipémie
hyperlipoproteinemia, hyperlipoprotéinémie

hypermetropia, hypermétropie
hypermnesia, hypermnésie
hypermobility, hypermobilité
hypermyotonia, hypermyotonie
hypernatremia, hypernatrémie
hypernephroma, hypernéphrome
hyperonychia, hyperonychose
hyperostosis, hyperostose
hyperparathyroidism, hyperparathyroïdie
hyperphagia, hyperphagie
hyperphoria, hyperphorie
hyperpiesis, hypertension
hyperpituitarism, hyperpituitarisme
hyperplasia, hyperplasie
hyperpnea, hyperpnée
hyperpyrexia, hyperpyrexie
hypersecretion, hypersécrétion
hypersensitive, hypersensible
hypersensitivity, hypersensibilité
hypersplenism, hypersplénisme
hyperstimulation, hyperstimulation
hypertension, hypertension
hyperthermia, hyperthermie
hyperthymia, hyperthymie
hyperthyroïdism, hyperthyroïdie
hypertonia, hypertonie
hypertonic, hypertonique
hypertrichosis, hypertrichose
hypertrophy, hypertrophie
hyperventilation, hyperventilation
hypervolemia, hypervolémie
hypnosis, hypnose
hypnotic, hypnotique
hypo-, hypo-
hypocalcemia, hypocalcémie
hypochlorhydria, hypochlorhydrie
hypochondriac, hypocondriaque
hypochondriasis, hypocondrie
hypochondrium, hypocondre
hypochromic, hypochrome
hypodermic, hypodermique

hypoesthesia, hypoesthésie
hypofibrinogenemia, hypofibrinémie
hypogastric, hypogastrique
hypogastrium, hypogastre
hypoglossal triangle, aile blanche interne
hypoglycemia, hypoglycémie
hypogonadism, hypogonadisme
hypokalemia, hypokaliémie
hypomania, hypomanie
hypomobility, hypomobilité
hyponatremia, hyponatrémie
hypoparathyroïdism, hypoparathyroïdie
hypophoria, hypophorie
hypophosphatasia, hypophosphatasie
hypophosphatemia, hypophosphatémie
hypophysectomy, hypophysectomie
hypophysis, hypophyse
hypopiesis, hypotension
hypopituitarism, hypopituitarisme
hypoplasia, hypoplasia
hypoproteinemia, hypoprotéinémie

hypoprothrombinemia, hypoprothrombinémie
hypopyon, hypopion
hyposecretion, hyposécrétion
hypospadias, hypospadias
hypostasis, hypostase
hypotension, hypotension
hypothalamus, hypothalamus
hypothenar eminence, éminence hypothénar
hypothermia, hypothermie
hypothesis, hypothèse
hypothrombinemia, hypothrombinémie
hypothyroïdism, hypothyroïdie
hypotonia, hypotonie
hypotonic, hypotonique
hypovitaminosis, hypovitaminose
hypoxia, hypoxie
hystera, utérus
hysterectomy, hystérectomie
hysteria, hystérie
hysterography, hystérographie
hysteromyomectomy, hystéromyomectomie
hysteropexy, hystéropexie
hysterosalpingography, hystérosalpingographie
hysterotomy, hystérotomie

I

iatrogenic, iatrogénique
ice, glace
ichthyosis, ichtyose
icterus, ictère
idea, idée
identical twins, jumeaux uniovulaires
identification, identification
idiocy, idiotie
idiopathic, idiopathique
idiosyncrasy, idiosyncrasie
ileitis, iléite
ileocecal valve, valvule iléo-caecale
ileocolitis, iléo-colite
ileocolostomy, iléo-colostomie
ileoproctostomy, iléo-rectostomie
ileorectal, iléo-rectal
ileostomy, iléostomie
ileum, iléon
ileus, iléus, occlusion intestinale
iliac crest, crête iliaque
iliococcygeal, ilio-coccygial
ilium, ilion
ill, malade
illegitimate, illégitime
illness, maladie
illusion, hallucination
image, image
imbalance, déséquilibre
immature, immature
immobility, immobilité
immune response, réponse immunologique
immune thrombocytopenic purpura, purpura thrombocytopénique

immunity, immunité
immunization, immunisation
immunoassay, dosage immunologique
immunochemistry, immunochimie
immunoelectrophoresis, immunoélectrophorèse
immunofluorescence, immunofluorescence
immunogenetics, immunogénétique
immunoglobulin, immunoglobuline
immunology, immunologie
immunosuppression, immunosuppression
impacted tooth, dent incluse
impairement, altération, atteinte
impalpable, impalpable
impedance, impédance
imperforate, imperforé
impetigo, impétigo
implant, implant
implantation, implantation
impotence, impuissance
impregnation, imprégnation
impression, impression
improvement, amélioration
impulse, impulsion, influx nerveux
inability, incapacité, impossibilité
inactivate, inactiver
inanition, inanition
inarticulate, inarticulé
inborn, inné
incarcerated, incarcéré
incest, inceste
inch, pouce (2,54 cm)
incidence, incidence
incipient, naissant, incipiens
incision, incision
incisor, incisive
incisura, échancrure
incisure, échancrure
inclusion body, inclusion intracellulaire

incoherent, incohérent
incompatibility, incompatibilité
incompatible, incompatible
incompetence, insuffisance
incompetence, aortic-, insuffisance aortique
incontinence, incontinence
incoordination, incoordination
increase, augmentation
incrustation, incrustation
incubation, incubation
incubator, couveuse, étuve
incus, enclume
index, indice, index
indication, indication, indice
indicator, indicateur coloré
indigenous, autochtone
indigestion, indigestion
indolent, indolore, torpide
induction, induction
induration, induration
industrial dermatitis, dermite professionnelle
industrial disease, maladie professionnelle
inebriation, ivresse
inertia, inertie
infancy, petite enfance
infant, nourrisson
infanticide, infanticide
infantile, infantile
infantilism, infantilisme
infarct, infarctus
infarction, infarcissement
infection, infection
infectious disease, maladie infectieuse
inferior, inférieur
inferiority complex, complexe d'infériorité
infertility, stérilité
infestation, infestation
infiltration, infiltration
infirmity, infirmité, débilité
inflammation, inflammation
inflation, inflation

influenza, grippe
infra-, sous-, infra-
infrared, infrarouge
infundibulum, infundibulum
infusion, perfusion
ingesta, ingesta
ingestion, ingestion
ingrown nail, ongle incarné
inguinal, inguinal
inhalation, inhalation
inherent, intrinsèque
inheritance, hérédité
inhibition, inhibition
initial, initial
injected, injecté
injection, injection, piqûre
injury, blessure, lésion
innate, inné, héréditaire
inner, interne
innervation, innervation
innocent, bénin
innocuous, inoffensif
innominate artery, tronc artériel brachiocéphalique
innominate bone, os innominé, os iliaque
innoxious, inoffensif
inoculation, inoculation
inorganic, inorganique, anorganique
inquest, enquête
insanity, aliénation, folie
insemination, insémination
insensible, insensible
insertion, insertion
insidious, insidieux
insight, perspicacité
insomnia, insomnie
inspiration, inspiration
inspiratory reserve volume, volume de réserve inspiratoire
inspissated, épaissi
instep, cou-de-pied
instillation, instillation
instinct, instinct
instrument, instrument

insufficiency, insuffisance
insufflation, insufflation
insula, insula
insulation, isolement
insulin, insuline
insulinoma, insulinome
intake, apport, ration
integument, phanère, tégument
intellect, intelligence, esprit
intelligence quotient, quotient intellectuel
intensive care unit, unité de soins intensifs
intention tremor, tremblement intentionnel
inter-, inter-, entre-
interarticular, interarticulaire
intercellular, intercellulaire
intercourse, relation
intercurrent, intercurrent
interferon, interféron
intermediate, intermédiaire, moyen
intermittent claudication, claudication intermittente
internal, interne
interosseous, interosseux
interphase, interphase
interstitial, interstitiel
intertrigo, intertrigo
intertrochanteric, intertrochantérien
interval, intervalle, écart
interventricular, interventriculaire
intervertebral, intervertébral
intestinal malabsorption, syndrome de malabsorption
intestinal obstruction, occlusion intestinale
intestine, intestin
intima, intima
intolerance, intolérance
intoxication, intoxication
intra-, intra-
intraabdominal, intra-abdominal
intraarticular, intra-articulaire

intracellular, intracellulaire
intracranial, intracrânien, intra-cérébral
intradermal, intradermique
intradural, intradural
intragastric, intragastrique
intrahepatic, intrahépatique
intralobular, intralobulaire
intramedullary, intramédullaire
intramuscular, intramusculaire
intranasal, intranasal
intraocular fluid, liquide intra-oculaire
intraosseous, intra-osseux
intraperitoneal, intrapéritonéal
intrathecal, intrathécal
intratracheal, intratrachéal
intrauterine, intra-utérin
intrauterine contraceptive device, stérilet, dispositif intra-utérin
intravenous, intraveineux
intravenous infusion, perfusion intraveineuse
intrinsic, intrinsèque
intrinsic factor, facteur intrinsèque
introitus, entrée, ouverture
introspection, introspection
introvert, introverti
intubation, intubation
intumescence, intumescence
intussusception, invagination
inulin, inuline
inunction, onction
invagination, invagination
invasion, invasion
inverse, inverse
inversion, inversion
involucrum, involucre
involution, involution
involutional melancholia, mélancolie d'involution
involved, impliqué
iodide, iodure
iodine, iode

iodism, iodisme
ion, ion
ion exchange resin, résine échangeuse d'ions
ionization, ionisation
ionizing radiation, radiation ionisante
ipsilateral, homolatéral
IQ, Quotient Intellectuel, QI
iridectomy, iridectomie
iridocele, iridocèle
iridocyclitis, iridocyclite
iridoplegia, iridoplégie
iridotomy, iridotomie
iris, iris
iron, fer
irradiation, irradiation
irreducible, irréductible

irrigation, irrigation
irritant, irritant
ischemia, ischémie
ischemia contracture, contracture ischémique
ischemic heart disease, cardiopathie ischémique
ischium, ischion
island, îlot
isoantibody, isoanticorps
isolation, isolement
isomer, isomère
isometric, isométrique
isotope, isotope
isthmus, isthme
itch, gale
itching, démangeaison, prurit
-itis, -ite

J

jacket, veste
jaundice, arictère
jaw, mâchoire
jaw bone, maxillaire
jejunectomy, jéjunectomie
jejunostomy, jéjunostomie
jejunum, jéjunum

jerk, secousse, réflexe tendineux
joint, articulation
jugal bone, os malaire
jugular, jugulaire
juice, suc, jus
jump, saut
junction, jonction
jurisprudence, jurisprudence
justo-major, plus grand que la normale
justo-minor, anormalement petit
juvenile, juvénile
juxta-articular, juxta-articulaire
juxtaglomerular apparatus, appa-reil juxtaglomérulaire
juxtaposition, juxtaposition

K

kala-azar, kala-azar
kalium, potassium
karyokinesis, mitose
karyotype, caryotype
kation, cation
keloid, chéloïde
keratectasia, kératectasie
keratectomy, kératectomie
keratic, corné
keratin, kératine
keratitis, kératite
keratolytic, kératolytique
keratoma, callosité
keratomalacia, kératomalacie
keratome, kératome
keratometer, kératomètre
keratoplasty, kératoplastie
keratosis, kératose, callosité
kerion, kérion
kernicterus, ictère nucléaire
ketogenic diet, régime cétogène
ketone, cétone
ketonemia, cétonémie
ketonuria, cétonurie
ketosis, cétose
ketosteroid, cétostéroïde
kick, coup de pied

kickback, retour en arrière
killing, mortel
kin, parents, famille
kindred, apparenté, analogue
kidney, rein
kidney failure, insuffisance rénale
kinase, kinase
kinesthesis, kinesthésie, cénesthésie
kineplasty, amputation orthopédique
kinesis, cinésie
kinetics, cinétique
Klebs-Loeffler bacillus, bacille de la diphtérie
knee, genou
knee cap, rotule
knee-elbow position, position genupectorale
knee jerk, réflexe rotulien
knock knee, genu valgum
knot, nœud
knowledge, connaissance
known, connu
knuckle, jointure phalangienne
Köhler's disease, scaphoïdite tarsienne
koilonychia, koïlonychie
Koplik's spot, signe de Koplik
kraurosis vulvae, atrophie sclérosante de la vulve
Krebs' citric acid cycle, cycle de Krebs
kwashiorkor, kwashiorkor
kyphoscoliosis, cyphoscoliose
kyphosis, cyphose

L

labeling, marquage
labia majora, grandes lèvres
labia minora, petites lèvres
labial, labial
labile, labile
labium, lèvre
labor, travail, accouchement
laboratory, laboratoire
labyrinth, labyrinthe
labyrinthitis, labyrinthite
laceration, déchirure, dilacération
lack, manque, absence
lacrimal, lacrymal, lacrymal
lacrimation, larmoiement
lactalbumin, lactalbumine
lactase, lactase
lactate, lactate
lactation, lactation
lacteal, chylifère
lactic acid, adice lactique
lactiferous duct, canal galactophore
lactifuge, antigalactique
lactogenic, lactogène
lactogenic hormone, prolactine
lactose, lactose
lacuna, lacune
lag, retard, latence
lambdoid, lambdoïde
lamella, lamelle
lamina, lame
laminectomy, laminectomie
lancet, lancette
language, langage
lanolin, lanoline
lanugo, lanugo
laparoscope, laparoscope

laparotomy, laparotomie
large, grand
laryngeal, laryngé
laryngectomy, laryngectomie
laryngismus stridulus, laryngite striduleuse
laryngitis, laryngite
laryngology, laryngologie
laryngopharynx, laryngopharynx
laryngoscope, laryngoscope
laryngospasm, laryngospasme
laryngostenosis, laryngosténose
laryngotomy, laryngotomie
laryngotracheobronchitis, laryngotrachéobronchite
larynx, larynx
laser, laser
lassitude, lassitude
last, dernier
late, tardif
latent, latent
lateral, latéral, externe
lattice, réseau
laugh, rire
laughing gas, protoxyde d'azote
lavage, lavage
law, loi, principe
lax, lâche, relaché
laxative, laxatif
laxity, laxité, hyperlaxité
layer, couche, membrane
LD50, DL 50
lead, plomb, dérivation
lead poisoning, saturnisme
lean, maigre
learning, apprentissage
lecithin, lécithine
leech, sangsue
left, gauche
leg, jambe
legionnaires' disease, maladie des légionnaires
leishmaniasis, leishmaniose
lens, lentille, cristallin
lenticular, lenticulaire
lentigo, lentigo

leontiasis ossea, leontiasis ossea
leproma, léprome
leprosy, lèpre
leptomeningitis, leptoméningite
leptospirosis, leptospirose
lesbian, lesbienne
lesion, lésion
lesser, moindre
lethal dose, dose mortelle
lethal, létal
lethargy, léthargie
leukemia, leucémie
leukine, leucine
leukocyte, leucocyte
leukocythemia, leucocythémie, leucémie
leukocytolysis, leucolyse
leukocytosis, leucocytose
leukodermia, leucodermie
leukonychia, leuconychie
leukopenia, leucopénie
leukoplasia, leucoplasie
leukopoiesis, leucopoïèse
leukorrhea, leucorrrhée
leukotomy, lobotomie cérébrale, leucotomie
levator palati muscle, muscle péristaphylin interne
level, niveau
levulose, lévulose, fructose
libido, libido
lice, poux
lichen, lichen
lichenification, lichénification
lid, paupière
lien, rate
lienal, splénique
life, vie
ligament, ligament
ligation, ligature
ligature, ligature
light, lumière, léger
light adaptation, adaptation à la lumière
lightning pains, douleurs fulgurantes

limb, membre
limbus, bord, bordure
liminal, liminaire
limp, chaudication
lincture, électuaire
line, ligne, lignée
linea, ligne
lingua, langue
lingual, lingual
liniment, liniment
linitis plastica, linite plastique
linkage, liaison
linking, liaison
linoleic acid, acide linoléique
lint, charpie
lip, lèvre
lipase, lipase
lipemia, lipémie
lipid, lipide
lipoatrophy, lipo-atrophie
lipochondrodystrophy, lipochondrodystrophie, syndrome de Hurler
lipocyte, adipocyte
lipodystrophy, lipodystrophie
lipoid, lipoïdique
lipoidosis, lipoïdose
lipolysis, lipolyse
lipoma, lipome
lipoprotein, lipoprotéine
lipotrophic substance, substance lipotrope
liquor, liquide
list, liste, énumération
liter, litre
lithagogue, lithagogue
lithiasis, lithiase
litholapaxy, litholapaxie, lithotritie
lithotomy, lithotomie
lithotritor, lithotriteur
lithotrity, lithotritie
litmus, tournesol
litre, litre
live, vivant
liver, foie
livid, livide

lobar, lobaire
lobe, lobe
lobectomy, lobectomie
Lobo's disease, blastomycose chéloïdienne
lobule, lobule
local, local
localized, localisé
location, localisaion
lochia, lochies
lockjaw, trismus
locomotor ataxia, ataxie locomotrice
loculated, loculaire
locus, place, lieu, locus
loin, lombe
long, long
long-acting, à action prolongée, retard
longevity, longévité
longsighted, presbyte, hypermétrope
loop, anse, boucle
loose, détendu, lâche, mou
looseness, laxité, relâchement
lordosis, lordose
loss, perte
lotion, lotion, lait
louse, pou
low, bas
low back pain, lombalgies basses
lower limbs, membres inférieurs
lubricant, lubrifiant
lucid, lucide
lues, syphilis
lumbago, lumbago
lumbar, lombaire
lumbar puncture, ponction lombaire
lumen, lumière, lumen
lump, bosse
lunate bone, semi-lunaire

lung, poumon
lung capacity, capacité respiratoire
lunula, lunule
lupus erythematosus, lupus érythémateux
luteinizing hormone (LH), hormone lutéinisante (LH)
luteotrophin, hormone lutéinisante
luteus, jaune
luxation, luxation
lying, couché
lymph, lymphe
lymphadenitis, lymphadénite
lymphadenoid goitre, maladie de Hashimoto
lymphangiectasis, lymphangiectasie
lymphangioma, lymphangiome
lymphangioplasty, lymphangioplastie
lymphangitis, lymphangite
lymphatic, lymphatique
lymphatic leukemia, leucémie lymphoïde
lymphocyte, lymphocyte
lymphocytemia, lymphocythémie
lymphocytopenia, lymphopénie
lymphocytosis, lymphocytose
lymphogram, lymphographie
lymphogranuloma, lymphogranulome
lymphoïd, lymphoïde
lymphoma, lymphome
lymphosarcoma, lymphosarcome
lysine, lysine
lysis, lyse
lysosomal, lysosomial
lysozyme, lysozyme
lytic, lytique

M

maceration, macération
macies, atrophie, maigreur
macrocephalus, macrocéphale
macrocheilia, macrochéilie
macrocyte, macrocyte
macrocytic, macrocytaire
macrodactyly, macrodactylie
macroglobulinemia, macroglobulinémie
macroglossia, macroglossie
macrolides, macrolides
macromastia, macromastie
macromelia, macromélie
macromolecule, macromolécule
macrophage, macrophage, monocyte
macroscopic, macroscopique
macrostomia, macrostomie
macula, macule, tache
macula solaris, éphélide
maculopapular, maculopapulaire
mad, fou, aliéné
madness, folie
magnetic resonance imaging (MRI), imagerie par résonnance magnétique (IRM)
magnet, aimant
main, principal
malabsorption, malabsorption
malacia, malacie
maladjustment, inadaptation
malaise, malaise
malalignment, alignement dentaire défectueux
malar, malaire
malaria, malaria, paludisme
male, mâle, masculin

malformation, malformation
malignant, malin
malignant hypertension, hypertension maligne
malignant pustule, charbon
malingering, simulation
malleolus, malléole
mallet finger, doigt en marteau
malleus, marteau
malnutrition, malnutrition, sous-alimentation
malocclusion, occlusion dentaire défectueuse
malposition, malposition
malpractice, incurie, négligence, malversation
malpresentation, présentation vicieuse
maltase, maltase
maltose, maltose
maltreatment, sévice
malunion, cal vicieux
mamilla, mamelon
mamma, glande mammaire
mammaplasty, mammoplastie
mammary, mammaire
mammography, mammographie
man, homme
management, traitement, gestion
mandible, maxillaire inférieur
mania, manie
maniac-depressive psychosis, psychose maniacodépressive
manipulation, manipulation
mannerism, maniérisme
manometer, manomètre
manual, manuel
manubrium, manche
manubrium sterni, manubrium sternal
manus, main
MAOI, IMAO
map, carte
mapping, cartographie
maple syrup urine disease, leucinose, maladie des urines à odeur de sirop d'érable

marasmus, marasme, maigreur extrême

marble bone disease, maladie d'Albers-Schönberg, ostéopétrose familiale

marging, marge, bord

marihuana, marijuana

mark, marque

marker, marqueur

marrow, moelle

marsupialization, marsupialisation

mask, masque

masking effect, effet de masque

masochism, masochisme

mass, masse, amas

massage, massage

masseter, masséter

mast cell, mastocyte

mastectomy, mastectomie, mammectomie

mastication, mastication

mastitis, mastite

mastodynia, mastodynie

mastoid, mastoïde

mastoid process, apophyse mastoïde

mastoidectomy, mastoïdectomie

mastoiditis, mastoïdite

masturbation, masturbation

matching, assortiment, appariement

materia medica, matière médicale

material, matière, matériel

matrix, matrice

matter, matière, substance

maturation, maturation

mature, mûr, pubère

maxilla, maxillaire supérieur

maxillary, maxillaire

maximal, maximal, maximum

meal, repas

meal test, repas d'épreuve

mean, moyen, moyenne

measles, rougeole

measles, German-, rubéole

measure, mesure, moyen, acte

meat, viande

meatus, méat, conduit

mechanics, mécanique

meconium, méconium

media, milieu, média, tunique moyenne d'un vaisseau

medial, médian, interne

median, médian

median survival, médiane de survie

medianoscopy, médianoscopie

mediastinum, médiastin

medical jurisprudence, médecine légale

medicament, médicament

medication, médication

medicinal, médicinal

medicine, médecine, médicament

medicosurgical, médicochirurgical

Mediterranean anemia, thalassémie

medium, milieu, moyen

medulla, moelle, bulbe rachidien

medulla oblongata, bulbe rachidien

medullary, médullaire

medullated nerve fibre, fibre nerveuse myélinisée

medulloblastoma, médulloblastome

meeting, réunion

megacephaly, mégacéphalie

megacolon, mégacôlon

megakaryocyte, mégacaryocyte

megaloblast, mégaloblaste

megalomania, mégalomanie

meibomian cyst, chalazion

meiosis, méiose

mel, miel

melancholia, mélancolie

melanin, mélanine

melanoma, mélanome

melanosis, mélanose

melanotic, mélanique

melena, méléna
meliceris, visqueux
melt, fondre
melting, fusion
membrane, membrane
menarche, ménarche
meningeal, méningé
meninges, méninges
meningioma, méningiome
meningism, méningisme, pseudo-méningite
meningitis, méningite
meningocele, méningocèle
meningoencephalocele, méningo-encéphalocèle
meniscectomy, méniscectomie
meniscus, ménisque
menopause, ménopause
menorrhagia, ménorragie
menses, règles
menstruation, menstruation
mental, mental, mentonnier
mention, rapporter, citer
mentoanterior, à menton proéminent
mentoposterior, à menton fuyant
mesarteritis, mésartérite
mesencephalon, mésencéphale
mesenchyme, mésenchyme
mesenteric, mésentérique
mesentery, mésentère
mesmerism, hypnotisme, magnétisme
mesoappendix, méso-appendice
mesocolon, mésocôlon
mesoderm, mésoderme
mesonephroma, mésonéphrome
mesosalpinx, mésosalpinx
mesothelioma, mésothéliome
mesothelium, mésothélium
mesovarium, mésovarium
metabolic, métabolique
metabolism, métabolisme
metacarpal, métacarpien
metacarpophalangeal, métacarpophalangien

metacarpus, métacarpe
metal, métal
metamorphosis, métamorphose
metaphore, métaphore
metaphysis, métaphyse
metaplasia, métaplasie
metastasis, métastase
metatarsal, métatarsien
metatarsalgia, métatarsalgie
meteorism, météorisme
meter, mètre
methemoglobin, méthémoglobine
méthionine, méthionine
method, épreuve, technique, méthode
metra, utérus
metric system, système métrique
metritis, métrite
metrorrhagia, métrorragie
microbe, microbe
microbiology, microbiologie
microcephalic, microcéphale
microcyte, microcyte
microcythemia, microcytémie
microglia, microglie
micrognathia, micrognathie
microgram, microgramme, µg
micrometer, micromètre, µm
microorganism, microorganisme
microphthalmos, microphtalmie
microscope, microscope
microsome, microsome
microsurgery, microchirurgie
microtome, microtome
micturition, miction
midbrain, mésencéphale
middle, milieu
midriff, diaphragme
midwife, sage-femme
midwifery, obstétrique
migraine, migraine
mild, doux, bénin
miliaria, miliaire
miliary, miliaire
milium, milium
milk, lait

milk teeth, dents de lait
millicurie, millicurie, mCi
milligamma, nanogramme, ng
milligram, milligramme, mg
milliliter, millilitre, ml
millimeter, millimètre, mm
Milroy's disease, éléphantiasis familial
mind, pensée, souvenir, esprit
miner's anemia, ankylostomiase
miner's nystagmus, nystagmus des houilleurs
mineral, minéral
miosis, myosis
miscarriage, fausse-couche
mite, acarien
mitochondria, mitochondries
mitosis, mitose
mitral regurgitation, insuffisance mitrale
mitral stenosis, rétrécissement mitral
mitral valve, valvule mitrale
mixture, mélange
mobile, mobile
modiolus, columelle
moist, humide
molality, molalité
molar teeth, molaires
molarity, molarité
molasses, mélasse
molding, modelage, moulage
mole, môle, mole
molecule, molécule
molluscum, molluscum
mongolism, mongolisme
monitoring, surveillance
monoamine oxidase inhibitor (MAOI), inhibiteurs de la monoamine oxydase (IMAO)
monoclonal, monoclonal
monocyte, monocyte
monocytosis, monocytose
monograph, monographie
monomania, idée fixe, obsession
mononeuritis, mononévrite

mononuclear, mononucléaire
mononucleosis, mononucléose
monoplegia, monoplégie
monopolar, unipolaire
monorchid, monorchide
monosaccharide, monosaccharide
mons pubis, mont de Vénus
mood, humeur, thymie
morbid, morbide
morbilli, rougeole
morbus, maladie
morgue, morgue
moribund, moribond
morning sickness, état nauséeux gravidique
morphea, sclérodermie circonscrite
morphine, morphine
morphology, morphologie
mortality, mortalité
mortuary, morgue
morula, morula
mosaic, mosaïque
mother, mère
motility, motilité
motion, mouvement, mobilité
motion sickness, mal des transports
motor, moteur
motor end plate, plaque motrice
mottling, tacheture
mould, moisissure
mountain sickness, mal des montagnes
mouth, bouche
movement, mouvement, selles
MRI, IRM
mucilage, mucilage
mucin, mucine
mucocele, mucocèle
mucoid, mucoïde
mucolytic, fluidifiant
mucopurulent, mucopurulent
mucosa, muqueuse
mucous cell, cellule caliciforme

mucous membrane, muqueuse
mucoviscidosis, mucoviscidose
mucus, mucus
mud, boue
multigravida, multigeste
multilocular, multiloculaire
multipara, multipare
multiple, multiple
multiple drug, addiction, polytoxicomanie
multiple factor analysis, analyse factorielle
multiple pregnancy, grossesse multiple
multiple sclerosis, sclérose en plaque
mumps, oreillons
murmur, murmure, souffle
muscle, muscle
muscular atrophy, amyotrophie
muscular dystrophy, dystrophie musculaire progressive
mutagen, mutagène
mutant, mutant
mutation, mutation
mute, muet
mutilation, mutilation
mutism, mutisme, mutité
myalgia, myalgie
myasthenia, myasthénie
myastenia gravis, myasthénie
mycelium, mycélium
mycetoma, mycétome
mycosis, mycose, mycosis
mycotoxin, mycotoxine
mydriasis, mydriase
mydriatic, mydriatique
myelin, myéline
myelitis, myélite
myelocele, myéloméningocèle
myelocyte, myélocyte

myelogram, myélogramme
myeloid, myéloïde
myeloma, myélome
myelomatosis, myélomatose
myelopathy, myélopathie
myelosclerosis, myélosclérose
myocardial, myocardique
myocardial infarction, infarctus myocardique
myocarditis, myocardite
myocardium, myocarde
myofibril, myofibrille
myogenic, myogène
myoglobin, myoglobine
myoma, myome
myomectomy, myomectomie
myometrium, myomètre
myopathy, myopathie
myope, myope
myopia, myopie
myosarcoma, myosarcome
myosin, myosine
myosis, myosis
myositis, myosite
myositis ossificans, myosite ossifiante
myotatic reflex, réflexe myotatique
myotic, myotique
myotomy, myotomie
myotony, myotonie
myotony dystrophica, maladie de Steinert
myringa, membrane du tympan
myringitis, tympanite
myringoplasty, myringoplastie
myringotomy, paracentèse tympanique
myxedema, myxœdème
myxoma, myxome
myxosarcoma, myxosarcome

N

nagging, persistant
nail, ongle, clou
nanism, nanisme
nanous, nain
nap, sieste
nape, nuque
napkinrash, érythème fessier
narcissism, narcissisme
narcoanalysis, narcoanalyse
narcolepsy, narcolepsie
narcosis, narcose
narcotic, narcotique, stupéfiant
nares, narines
narrowing, sténose
nasal, nasal
nasogastric tube, sonde naso-œsophagienne
nasolacrimal, nasolacrymal
nasopharyngeal, rhinopharyngien
nasopharynx, nasopharynx
natality, natalité
nates, fesses
natural childbirth, accouchement naturel
nausea, nausée
navel, nombril, ombilic
navicular, naviculaire
navicular bone, scaphoïde
near, proche
nebula, néphélion, taie
nebulizer, vaporisateur
neck, cou, nuque
neck, wry-, torticolis
necropsy, nécropsie
necrosed, nécrosé
necrosis, nécrose
necrotic, nécrotique

needle, aiguille
needle biopsy, ponction-biopsie à l'aiguille
needle-holder, porte-aiguille,
needling, discision
negative, négatif
negativism, négativisme
negligence, négligence
nematode, nématode
neocortex, néocortex
neonatal, néonatal
neonate, nouveau-né
neoplasm, néoplasme
nephrectomy, néphrectomie
nephritis, néphrite
nephroblastome, néphroblastome
nephrocalcinosis, néphrocalcinose
nephrocapsulectomy, néphrocapsulectomie
nephrohydrosis, hydronéphrose
nephrolithiasis, lithiase rénale
nephrolithotomy, néphrolithotomie
nephroma, néphrome
nephron, néphron
nephropexy, néphropexie
nephroptosis, néphroptose
nephrosclerosis, néphrosclérose
nephrosis, néphrose syndrome néphrolitique
nephrostomy, néphrostomie
nephrotic, néphrotique
nephrotomy, néphrotomie
nephro-ureterectomy, néphro-urétérectomie
nerve, nerf, nerveux
nervous, nerveux
nervous breakdown, dépression nerveuse
nettle rash, urticaire
network, réseau
neural, neural
neuralgia, névralgie
neurapraxia, neurapraxie
neurasthenia, neurasthénie

neurectomy, névrectomie
neurilemma, gaine de Schwann, neurilemme
neurinoma, neurinome
neuritis, névrite
neuroblast, neuroblaste
neuroblastoma, neuroblastome
neurodermatitis, névrodermite
neuroepithelium, neuro-épithélium
neurofibroma, neurofibrome
neurofibromatosis, neurofibromatose
neuroglia, névroglie
neuroglioma, gliome
neuroleptic, neuroleptique
neurologist, neurologue
neurology, neurologie
neuroma, névrome
neuromuscular junction, jonction neuromusculaire
neuron, neurone
neuropathic, neuropathique
neuropathy, neuropathie
neuroplasty, neuroplastie
neurorrhaphy, neurorraphie
neurosis, névrose
neurosurgery, neurochirurgie
neurosyphilis, neurosyphilis
neurotic, névrotique, névrosé
neurotmesis, neurotmésis
neurotomy, neurotomie
neutral, neutre, indifférent
neutropenia, neutropénie
neutrophil, neutrophile
nevus, naevus
newborn, nouveau-né
nicotine addiction, intoxication tabagique
nicotinic acid, acide nicotinique
nictation, clignotement
nidation, nidation
night, nuit
night blindness, héméralopie

night terror, terreur nocturne
nigrescent, noirâtre
nigrities linguae, langue noire
nipple, mamelon
nitrogen, azote
nitrous oxide, protoxyde d'azote
NMR, RMN
nocturia, hypnurie, nycturie
nocturnal, nocturne
node, nœud
nodule, nodule, nodosité
noise, bruit
non compos mentis, dément
norepinephrine, noradrénaline
normal, normal
normoblast, normoblaste
normocyte, normocyte
nose, nez
nosocomial infection, infection nosocomiale
nosology, nosologie
nosophobia, nosophobie
nostril, narine
notch, échancrure
noxious, nocif, nuisible
nucha, nuque
nuclear magnetic resonance, résonance magnétique nucléaire
nucleated, nucléé
nucleic acid, acide nucléique
nucleolus, nucléole
nucleoprotein, nucléoprotéine
nucleotid, nucléotide
nucleus, noyau
nulllipara, nullipare
nummulated, nummulaire
number, nombre, chiffre
nurse, infirmière
nutation, nutation
nutrient, aliment, nutriment
nutrition, nutrition
nyctalopia, héméralopie
nymphomania, nymphomanie
nystagmus, nystagmus

O

obesity, obésité
objective, objectif
objective signs, signes physiques
oblique light, à jour frisant
obsession, obsession
obsolete, désuet
obstetric, obstétrical
obstetrics, obstétrique
obstetrician, obstétricien, accoucheur
obturator, obturateur
obtuse, émoussé
obvious, évident
occipital, occipital
occiput, occiput
occlusion, occlusion
occlusive dressing, pansement occclusif
occult blood, hémorragie occulte
occupational disease, maladie professionnelle
occupational injury, accident du travail
occupational therapy, ergothérapie
occurence, survenue
ocular, oculaire
oculist, oculiste
oculogyric, oculogyre
oculomotor nerve, nerf moteur oculomoteur commun
odontalgia, odontalgie
odontoid, odontoïde
odontology, odontologie
odontoma, améloblastome dentifié
ohm, ohm
oil, huile

ointment, onguent, pommade
olecranon, olécrâne
olfactory, olfactif
oligodendroglia, oligodendroglie
oligohydramnios, oligohydramnios
oligomenorrhea, oligoménorrhée
oligospermia, oligospermie
oligotrophia, oligotrophie
oliguria, oligurie
omentocele, épiplocèle
omentopexy, epiploopexie
omentum, épiploon
omphalitis, omphalite
omphalocele, omphalocèle
onset, début
onychia, onyxis
onychocryptosis, ongle incarné
onychogryphosis, onychogryphose
onychomycosis, onychomycose
oocyte, ovocyte
oogenesis, ovogenèse
oophorectomy, ovariectomie
oophoritis, oophorite
oophoron, ovaire
oophorosalpingectomy, ovariosalpingectomie
oozing, suintement
opacity, opacité
opaque, opaque
open, ouvert
opening, ouverture
ophthalmia, ophtalmie
ophthalmic, ophtalmique
ophthalmologist, ophtalmologiste
ophthalmology, ophtalmologie
ophthalmoplegia, ophtalmoplégie
ophthalmoscope, ophtalmoscope
opiate, opiacé
opioid, opioïde
opisthotonos, opisthotonos
opium, opium
opponens, opposant

opportunistic, opportuniste
opsonin, opsonine
optic, optique
optic chiasma, chiasma optique
optic disk, papille optique
optic neuritis, névrite optique
optic tract, bandelette optique
optician, opticien
optics, optique
optimum, optimal
optometry, optométrie
oral, oral, buccal
orbicular, orbiculaire
orbit, orbite
orbital, orbitaire
orchidectomy, orchidectomie
orchidopexy, orchidopexie
orchiepididymitis, orchiépididymite
orchis, testicule
orchitis, orchite
order, ordre, commande
organ, organe
organic, organique
organism, organisme, microorganisme
orgasm, orgasme
oriental sore, bouton d'Orient
orientation, orientation
orifice, orifice
origin, origine
ornithosis, ornithose
oropharynx, oropharynx
orphanvirus, virus orphelin
orthodonctics, orthodontie
orthopedics, orthopédie
orthosis, orthèse
orthostatic, orthostatique
os, os
oscheal, scrotal
oscillation, oscillation
osmole, osmole
osmolality, osmolalité
osmosis, osmose
osmotic fragility test, épreuve
  de la résistance globulaire

osmotic pressure, pression osmotique
osseous, osseux
ossicle, osselet
ossification, ossification
osteitis, ostéite
osteoarthritis, arthrose
osteoarthropathy, ostéo-arthropathie
osteoarthrosis, ostéo-arthrose
ostéoarthrotomy, ostéo-arthrotomie
osteoblast, ostéoblaste
osteochondral, ostéo-cartilagineux
osteochondritis, ostéochondrite
osteochondroma, ostéochondrome
osteoclasis, ostéoclasie
osteoclast, ostéoclaste, myelo-
  plaxe
osteoclastoma, tumeur à myéloplaxes
osteocyte, ostéocyte
osteodystrophy, ostéodystrophie
osteogenesis, ostéogenèse
osteolytic, ostéolytique
osteomalacia, ostéomalacie
osteomyelitis, ostéomyélite
osteopathy, ostéopathie
osteopetrosis, ostéopétrose
osteophony, conduction osseuse
osteophyte, ostéophyte
osteoplastic, ostéoplastique
osteoporosis, ostéoporose
osteosarcoma, ostéosarcome
osteosclerosis, ostéosclérose
osteotome, ostéotome
osteotomy, ostéotomie
ostium, orifice
otalgia, otalgie
otitis, otite
otolith, otolithe
otology, otologie
otomycosis, otomycose
otorhinolaryngology, otorhinolaryngologie

otosclerosis, otosclérose
otoscope, otoscope
ototoxic, ototoxique
outbreak, flambée, éclosion
outcome, issue, évolution
outdated, périmé
outgrowth, excroissance
outlet of pelvis, détroit inférieur du bassin
outline, contour, schéma
outlook, pronostic
outpatient, malade ambulatoire
output, débit, rendement
ovariectomy, ovariectomie
ovariotomy, ovariotomie
ovaritis, ovarite
ovary, ovaire
overactivity, suractivité
overage, excédent
overcompensation, surcompensation
overdiagnosis, diagnostic par excès
overdosage, surdosage
overextension, hyperextension

overfeeding, suralimentation
overflow, débordement
overgrowth, hypertrophie
overlap, chevauchement
overlay, élément surajouté
overshoot, dépassement
oviduct, oviducte
ovulation, ovulation
ovule, ovule
ovum, œuf
oxaluria, oxalurie
oxidation, oxydation
oximeter, oxymètre
oxycephaly, oxycéphalie
oxygen, oxygène
oxygen uptake, consommation d'oxygène
oxygenation, oxygénation
oxyhemoglobin, oxyhémoglobine
oxyntic cell, cellule bordante
oxytocic, ocytocique
oxytocin, ocytocine
oxyuriase, oxyurose
ozena, ozène
ozone, ozone

perineal, périnéal
perineorraphy, périnéorraphie
perinephric, périnéphrétique
perineum, périnée
perineurium, périnèvre
periodic syndrome, maladie périodique
periodontal disease, parodontopathie
periosteal, périostique
periosteum, périoste
periostitis, périostite
peripheral, périphérique
periproctitis, périrectite
peristalsis, péristaltisme
peritomy, péritomie
peritoneal, péritonéal
peritoneum, péritoine
peritonitis, péritonite
peritonsillar, périamygdalien
periurethral, périurétral
permanent teeth, dents permanentes
permeability coefficient, coefficient de perméabilité
pernicious, pernicieux
pernio, engelures
peroneal artery occlusive disease, syndrome de la loge des péroniers
peroneal atrophy, maladie de Charcot-Marie
perseveration, persévération
persistent ductus arteriosus, persistance du canal artériel
personality, personnalité
perspiration, perspiration
pertussis, coqueluche
pes, pied
pes cavus, pied creux
pes valgus, pied plat
pessary, pessaire
petechia, pétéchie
petrissage, pétrissage
petrous, pétreux
pH, pH

phage typing, lysotypie
phagocyte, phagocyte
phagocytosis, phagocytose
phalange, phalange
phallic phase, stade phallique
phantom limb, membre fantôme
pharmacist, pharmacien
pharmacogenetics, pharmacogénétique
pharmacokinetics, pharmacocinétique
pharmacology, pharmacologie
pharmacy, pharmacie
pharyngeal, pharyngé
pharyngeal pouch, poche pharyngée
pharyngectomy, pharyngectomie
pharyngitis, pharyngite
pharyngolaryngectomy, pharyngolaryngectomie
pharyngoplasty, pharyngoplastie
pharyngotomy, pharyngotomie
pharyngotympanic tube, trompe d'Eustache
pharynx, pharynx
phase-contrast microscope, microscope à contraste de phase
phenol red test, épreuve à la phénol sulfone phtaléine
phenotype, phénotype
phenylketonuria, phénylcétonurie
phimosis, phimosis
phlebectomy, phlébectomie
phlebitis, phlébite
phlebothrombosis, thrombophlébite
phlegmasia, phlegmatia
phlegmasia alba dolens, phlegmatia alba dolens
phlyctenular, phlycténulaire
phobia, phobie
phonation, phonation
phoniatrics, phoniatrie
phonocardiogram, phonocardiogramme

phonocardiograph, phonocardiographe

phosphate, phosphate

phosphaturia, phosphaturie

phospholipid, phospholipide

phosphonecrosis, phosphonécrose

photobiology, photobiologie

photochimiotherapy, photochimiothérapie

photophobia, photophobie

photosensitization, photosensibilisation

phrenic, phrénique, diaphragmatique

phrenicectomy, phrénicectomie

phrenoplegia, paralysie diaphragmatique

physiatrics, physiothérapie

physician, médecin

physicist, physicien

physics science, sciences physiques

physiological saline, sérum salé physiologique

physiology, physiologie

physiotherapy, kinésithérapie

physique, état physique

phytic acid, acide phytique

pia mater, pie-mère

pica, pica

picture, image, cliché, dessin

pigeon chest, thorax en carène

pigeon toe, pied bot varus

pigment, pigment

pill, pillule

pilonidal cyst, sinus pilonidal

pilosis, hirsutisme

pimple, bouton

pineal gland, épiphyse

pinguecula, pinguécula

pink disease, acrodynie

pinocytosis, pinocytose

pinworm, oxyure

pipet, pipette

pisiform bone, os pisiforme

pituitary gland, hypophyse

pityriasis rosea, pityriasis rosé de Gibert

placebo, placebo

placenta, placenta

placenta praevia, placenta praevia

placental barrier, barrière placentaire

placental birth, délivrance

plagiocephaly, plagiocéphalie

plague, peste

planning, plannification

plantar, plantaire

plantar fibromatosis, maladie de Ledderhose

plantar wart, verrue plantaire

plasma, plasma

plasma cell, plasmocyte

plasma exchange, plasmaphérèse

plasmacytosis, plasmocytose

plasmapheresis, plasmaphérèse

plaster, plâtre

plastic surgery, chirurgie plastique

platelet, plaquette, thrombocyte

platelet clumping, agrégation plaquettaire

platelet suppressive agent, anti-agrégant plaquettaire

plate-nail, clou-plaque

pleomorphism, pléomorphisme

plethora, pléthore

plethysmograph, pléthysmographe

pleura, plèvre

pleura cervicalis, dôme pleural

pleural effusion, pleurésie

pleural thickening, ligne bordante pleurale

pleurisy, pleurésie

plexus, plexus

plica, plicature, repli

plumbism, saturnisme

pneumatocele, pneumatocèle

pneumaturia, pneumaturie
pneumococcus, pneumocoque
pneumoconosis, pneumoconiose
pneumonectomy, pneumonectomie
pneumopathy, pneumopathie
pneumonia, pneumonie
pneumoperitoneum, pneumopéritoine
pneumothorax, pneumothorax
pock, pustule
poikilocytosis, poïkilocytose
point, point
poison, poison
polar body, globule polaire
polioencephalitis, polioencéphalite
poliomyelitis, poliomyélite
pollution, pollution
polyarteritis nodosa, périartérite noueuse
polyarthritis, polyarthrite
polychondritis, polychondrite
polycystic, polykystique
polycythemia, polyglobulie
polycythemia vera, maladie de Vaquez
polydactyly, polydactylie
polydipsia, polydipsie
polygon of support, polygone de sustentation
polymenorrhea, polyménorrhée
polymorphism, polymorphisme
polymyositis, polymyosite
polyneuritis, polyradiculonévrite
polyneuropathy, polynévrite
polyopia, polyopie
polyposis, polypose
polypus, polype
polysaccharide, polysaccharide
polysialia, sialorrhée, ptyalisme
polyuria, polyurie
pomade, pommade
pompholyx, dyshidrose
pons, protubérance annulaire
pontine, protubérantiel

popliteal, poplité
pore, pore, trou
porphyria, porphyrie
porphyrin, porphyrine
portal, porte
position, position, posture
posology, posologie
postabortal, post-abortum
posterior chamber of eye, chambre postérieure de l'œil
post-gastrectomy syndrome, syndrome carentiel des gastrectomisés
postinfectious encephalitis, encéphalite périveineuse
postmaturity, grossesse prolongée
postmortem changes, phénomènes cadavériques
postpartum psychosis, psychose puerpérale
postural, postural
postvaccinal encephalitis, encéphalite périveineuse
potency, dilution, puissance
pounding, martelage
power, puissance
practice, exercice, cleintèle
preauricular, préauriculaire
precancerous, précancéreux
precipitin, précipitine
precocious, précoce
precordialgia, précordialgie
precordium, précordium
pregnancy, grossesse
pregnant, enceinte
premarital certificate, certificat prénuptial
premature, prématuré
prematurity, prématurité
premenstrual, prémenstruel
premolar, prémolaire
prenatal, prénatal
prenatal care, hygiène de la grossesse
prepuce, prépuce

presbycusia, presbyacousie
presbyophrenia, presbyophrénie
presbyopia, presbytie
prescription, prescription
presentation, présentation
presenting symptom, symptôme révélateur
pressor amines, amines pressives
pressor point, point de pression
pressure, pression
pressure-reducer, détendeur
pressure sore, escarre de pression
presystole, présystole
previous state, état antérieur
priapism, priapisme
prickle-cell layer, couche de cellules à épines
prickly heat, bourbouille
primary, primaire
primipara, primipare
probe, sonde, stylet, enquête
process, apophyse, processus, procédé
procidentia, prolapsus
proctalgia, proctalgie
proctectomy, proctectomie
proctitis, rectite
proctocele, proctocèle
proctoscopy, proctoscopie
prodromal period, période prodromique
progeria, progérie
progesterone, progestérone
proglottis, proglottis
prognosis, pronostic
progress, avancement, évolution
progressive hypertrophic neuropathy, maladie de Dejerine-Sottas
progressive ophthalmoplegia, myopathie oculaire
progressive supranuclear palsy, maladie de Steele-Richardson
progressive systematic sclerosis, sclérodermie

projection, projection
prolactine, prolactine
prolapse, procidence, prolapsus
proliferans retinitis, rétinopathie proliférante
promonocyte, monoblaste
promontory, promontoire
pronation, pronation
prone, procubitus
propensity, tendance
prophylaxis, prophylaxie
proprietary name, dénomination commerciale
proprioceptor, propriocepteur
proptosis oculi, protrusion oculaire
prostacyclin, prostacycline
prostaglandin, prostaglandine
prostate, prostate
prostatectomy, prostatectomie
prosthesis, prothèse
prostration, prostration
protein, protéine
proteinuria, protéinurie
proteolysis, protéolyse
prothrombin, prothrombine
protoplasm, protoplasme
prototype, prototype
protozoa, protozoaire
protuberance, éminence
provitamin, provitamine
proximal, proximal
prurigo, prurigo
pruritus, prurit
pseudarthrosis, pseudarthrose
pseudobulbar palsy, paralysie pseudobulbaire
pseudopod, pseudopode
psittacosis, psittacose
psoitis, psoïtis
psoriasis, psoriasis
psyche, esprit
psychasthenia, psychasthénie
psychiatry, psychiatrie
psychic apparatus, appareil psychique

psychogenic, psychogène
psychological dependance, psychodépendance
psychologist, psychologue
psychology, psychologie
psychoneurosis, psychonévrose
psychopath, psychopathe
psychopathology, psychopathologie
psychosis, psychose
psychosomatic, psychosomatique
psychotherapy, psychothérapie
pterigium, ptérigion
ptosis, ptosis, ptose
ptyalin, ptyaline
ptyalism, ptyalisme
puberty, puberté
pubis, pubis
pudendal nerve, nerf honteux interne
pudendal plexus, plexus honteux
pudendum muliebre, vulve
puerperal, puerpéral
puerperium, puerpéralité
puff, bouffée
pulmonary, pulmonaire
pulmonary stenosis, rétrécissement pulmonaire
pulmonary trunk, artère pulmonaire
pulp, pulpe
pulpitis, pulpite
pulsation, pulsation

pulse, pouls
pulsus alternans, pouls alternant
pump, pompe
puncture, ponction
pupil, pupille
purpura, purpura
purulent, purulent, suppuré
pus, pus
pustula maligna, charbon
pustule, pustule
putrefaction, putréfaction
pyelitis, pyélite
pyelography, pyélographie
pyelolithotomy, pyélolithotomie
pyemia, septicémie
pyknic, pycnique
pyknosis, pycnose
pyloric, pylorique
pyloroplasty, pyloroplastie
pylorus, pylore
pyoderma, pyodermite
pyogenic, pyogène
pyometra, pyométrie
pyonephrosis, pyonéphrose
pyorrhea, pyorrhée
pyosalpinx, pyosalpinx
pyramide, pyramide
pyramidal, pyramidal
pyrexia, fièvre
pyridoxin, pyridoxine
pyrogen, pyrogène
pyrosis, pyrosis
pyuria, pyurie

Q

Q fever, fièvre Q

quadrate, carré
quadriceps, quadriceps
quadriplegia, tétraplégie
quality factor, facteur de qualité
quarantine, quarantaine
quartan fever, fièvre quarte
querulousness, quérulence
quiescent, dormant
quinsy, angine phlegmoneuse
quotient, quotient

R

rabies, rage
racemose, racémeux
radial, radial
radiation, radiation, rayonnement
radical, radical
radiculitis, radiculite
radioactive isotope, isotope radioactif
radioactive, radioactif
radioactivity, radioactivité
radiobiology, radiobiologie
radiography, radiographie
radiologist, radiologiste
radiology, radiologie
radiosensitivity, radiosensibilité
radiotherapy, radiothérapie
radium, radium
radius, radius
radix, racine
rale, râle
ramus, rameau, branche
random variable, variable aléatoire
range, gamme, étendue
ranula, grenouillette sublinguale
rape, viol
raphe, raphé
rash, rash, exanthème
rat bite fever, sodoku
rate, vitesse, taux, fréquence
rating, évaluation
ratio, indice, rapport, quotient
rationalization, rationalisation
raucous, rauque
ray, rayon
reach, portée, atteinte
reaction, réaction

reactivity, réactivité
reagent, réactif
real time, temps réel
rebound, rebond
recall, rappel
receptor, récepteur
recessive, récessif
reclined position, décubitus
recognition, reconnaissance
recombination, recombinaison
reconstructive surgery, chirurgie reconstructive
record, enregistrement
recovery, guérison
recruitment, recrutement
rectal, rectal
rectocele, rectocèle
rectoscopy, rectoscopie
rectosigmoidectomy, rectosigmoïdectomie
rectovesical septum, aponévrose de Denonvilliers
rectum, rectum
rectus abdominis muscle, muscle grand droit
recurrence, rechute, récurrence
recurrent laryngeal nerve, nerf récurrent
red blood cell, hématie
reduction, réduction
refered pain, douleur projetée
reference, référence
reflex, réflexe
reflux, reflux
refraction, réfraction
refractory phase, période réfractaire
refrigeration, réfrigération
regimen, régime
region, région, partie
regional anesthesia, anesthésie locorégionale
regional enteritis, maladie de Crohn
regression, régression
regulation, régulation

regurgitation, régurgitation
rehabilitation, réadaptation, ré-éducation
rejection, rejet
relapse, rechute
relapsing fever, borreliose
related, en rapport avec, apparenté
relation, contact, rapport
relationship, rapport, relation
relaxin, relaxine
release, libération, relargage
reliability, sécurité
relief, soulagement
REM sleep, sommeil paradoxal
remission, rémission
remittent fever, fièvre rémittente
removal, ablation, enlèvement, retrait
renal calculus, lithiase rénale
renal colic, colique néphrétique
renal disease, néphropathie
renal failure, insuffisance rénale
renal threshold, seuil rénal
renal tubular acidosis, acidose tubulaire rénale
renin, rénine
repair, réparation
reparative surgery, chirurgie correctrice
repeat, répétition
repellent, répulsif
replacement, remplacement
repletion, réplétion
replication, réplication
report, rapport, compte-rendu
repression, refoulement, répression
reproduction, reproduction
requirement, besoin
rescue, sauvetage
resection, résection
resectoscope, résecteur
residual air, air résiduel
residual body, corps résiduel
residual urine, résidu vésical

resistance, résistance
resistant rickets, rachitisme vitaminorésistant
resolution, résolution
resonance, résonance
resort, ressource
respiration, respiration
respirator, respirateur
respiratory, respiratoire
respiratory distress syndrome, syndrome de détresse respiratoire
response, réponse, réaction
responsible, responsable
responsive, sensible
rest, repos
restlessness, instabilité psychomotrice
resumption of menses, retour de couches
retardation, retard
rete, réseau
retention, rétention
reticular formation, système réticulé
reticulocyte, réticulocyte
reticulocytosis, réticulocytose
reticuloendothelial, réticulo-endothélial
réticulosis, réticulose
reticulum cell sarcoma, réticulosarcome
retina, rétine
retinal detachment, décollement de rétine
retinitis, rétinite
retinoblastoma, rétinoblastome
retinopathy, rétinopathie
retraction, rétraction
retractor, écarteur
retrobulbar optic neuritis, névrite optique rétrobulbaire
retroflexion of uterus, rétrodéviation de l'utérus
retrograde, rétrograde
retroperitoneal, rétropéritoneal

retropharyngeal, rétropharyngé
retropulsion, rétropulsion
retroversion, rétroversion
return, retour
reverse, inverse
review, revue, analyse
rhagade, rhagade
rheumatic fever, rhumatisme articulaire aigu
rheumatic heart disease, cardiopathie rhumatismale
rheumatism, rhumatisme
rheumatoid arthritis, polyarthrite rhumatoïde
rhinitis, rhinite
rhinoplasty, rhinoplastie
rhinorrhea, rhinorrhée
rhinoscopy, rhinoscopie
rhizotomy, radicotomie
rhodopsin, pourpre rétinien
rhomboid, rhomboïde
rhonchus, ronchus
rhythm, rythme
rib, côte
riboflavin, vitamine B2
ribonuclease, ribonucléase
ribonucleic acid (RNA), acide ribonucléique (ARN)
ribosomal RNA, ARN ribosomial
rickets, rachitisme
rickettsia, rickettsie
ridge, crête

right, droit
rigidity, rigidité
rigor mortis, rigidité cadavérique
ring, anneau
ringworm, dermatophytose, teigne
ring finger, annulaire
rise, ascension
risk, risque
risus sardonicus, rictus sardonique
rod, bâtonnet
rodent, rongeur
roding, enclouage
roentgen, roentgen
roof, toit, voûte
room, chambre
root, racine
rosacea, acné, rosacée
roseola, roséole
rotation, rotation
rotator cuff, coiffe des rotateurs
rough, rugueux, approximatif
round ligament, ligament rond
rub, frottement
rubefacient, rubéfiant
rubella, rubéole
rugine, rugine
rule, règle
run around, tourniole
rupia, rupia
rupture, rupture
RV, volume résiduel (VR)

S

sac, sac
saccharin, saccharine
saccoradiculography, saccoradiculographie
sacculated uterus, incarcération de l'utérus
sacral, sacré
sacral canal, canal sacré
sacralization, sacralisation
sacrum, sacrum
saddle joint, articulation en selle
sadism, sadisme
safe, inoffensif, sous danger, sûr
safety, sécurité
sag foot, pied rond
sagittal, sagittal
sagittal suture, suture sagittale
saline, solution salée
saliva, salive
salivary gland, glande salivaire
salivation, salivation
salpingectomy, salpingectomie
salpingitis, salpingite
salpingography, salpingographie
salpingostomy, salpingostomie
salpinx, tube
salt, sel
saluretic, salidiurétique
sample, exemple, échantillon
sampling, échantillonnage
sanatorium, sanatorium
sandfly-fever, fièvre à phlébotome
sanious, sanieux
sanitary cordon, cordon sanitaire
sanity, intelligence normale

saphenous nerve, nerf saphène interne
saphenous opening, valvule de la saphène
saphenous veni, veine saphène
sapo, savon
saponify, saponification
saprophyte, saprophyte
sarcoid, sarcoïde
sarcoidosis, sarcoïdose
sarcolemma, sarcolemme
sarcoma, sarcome
sartorius muscle, muscle couturier
satiety, satiété
saturation, saturation
saw, scie
scab, croûte
scabies, gale, psore
scabietic, psorique
scale, échelle
scalenus anticus syndrome, syndrome du scalène antérieur
scalp, scalp
scalpel, scalpel
scanning, balayage, scintigraphie
scanning microscope, microscope à balayage
scaphocephaly, scaphocéphalie
scaphoid bone, scaphoïde carpien
scapula, omoplate
scapulalgia, scapulalgie
scar, cicatrice
scarification, scarification
scarlet fever, scarlatine
scarring, cicatrisation
scatter, dispersion
schedule, schéma
schistocyte, schizocyte
schistosomiasis, schistosomiase
schizophrenia, schizophrénie
sciatica, sciatique
science, science
scimitar syndrome, syndrome du cimeterre

scintigraphy, scintigraphie
scintillation, scintillation
scirrhus, squirrhe
scissors, ciseaux
sclera, sclérotique
scleritis, sclérite
sclerodactylia, sclérodactylie
sclerodermia, sclérodermie
sclerosis, sclérose
sclerotic, sclérotique
sclerotomy, sclérotomie
scolex, scolex
scoliosis, scoliose
scope, portée, étendue
scopophilia, voyeurisme
score, cotation, score
scotoma, scotome
screen, écran
screening, criblage, dépistage
screw, vis
scrotal hydrocele, hydrocèle vaginale
scrotum, bourse, scrotum
scurf, dartre
scurvy, scorbut
scutulum, godet
scybalum, scybales
sea, mer
seals, scellés
seam, couture
sebaceous, sebacé
sebaceous gland, glande sébacée
seborrhea, séborrhée
sebum, sébum
secondary degeneration, dégénérescence wallerienne
second heart sound, deuxième bruit cardiaque
secretin, secrétine
secretion, sécrétion
section, section
secure, sûr
sedative, sédatif
sedimentation rate, vitesse de sédimentation
seeding, ensemencement

segmental, segmentaire
segmentum apicale, segment de Fowler
segregation, isolement
seizure, crise, attaque
selection, sélection
self-, auto-
self-care, autocontrôle
self-regulation, autorégulation
semen, sperme
semen analysis, spermogramme
semicircular canal, canal semi-circulaire
semilente insulin, insuline-zinc
semilunar, semi-lunaire
semimembranosus muscle, muscle demi-membraneux
seminal fluid, sperme
seminiferous tubules, tubes séminifères
seminoma, séminome
senescence, sénescence
senile, sénile
senility, sénilité
sensation, sensation
sense, sens, sensibilité
sensibility, sensibilité
sensible, perceptible
sensitivity, sensibilité
sensitization, sensibilisation
sensory nerve, nerf sensitif
sepsis, infection bactérienne
septic, septique
septicemia, septicémie
septum, septum, cloison
sequela, séquelle
sequence, séquence
sequential, successif
sequestrum, séquestre
serial, sérié
series, série
serosity, sérosité
serotherapy, sérothérapie
serotonin, sérotonine
serous, séreux
serpiginous, serpigineux

serrate suture, suture dentée
serum, sérum
sesamoid bone, os sésamoïde
sessile, sessile
set, jeu, série, assortiment
setting, cadré, milieu
sex, sexe
sex-influenced, influencé par le sexe
sex-linked, lié au sexe
sex ratio, taux de masculinité
sexually transmitted disease, maladie sexuellement transmissible (MST)
shadow, ombre, silhouette
shaft, corps, tige
shaking, ébranlement
shape, forme
sharp, aigu, vif
sharp pain, douleur exquise
shearing, cisaillement
sheath, gaine
shedding, mue, chute
sheet, feuille, couche
shell crown, couronne ajustée
shield, blindage, écran
shift, déplacement, poste
shock, choc
shoe, chaussure
short, court, petit
short circuit, court-circuit
short sighted, myope
shot, coup
shoulder, épaule
shrinkage, rétrécissement
shunt, dérivation, shunt
shuttle, faire la navette
sialadenitis, sialadénite
sialogogue, sialagogue
sialolith, sialolithe
sibship, fratrie
sick, malade
sickle-cell anemia, drépanocytose
sickness, mal, maladie
side, côté

side effect, effet secondaire
siderosis, sidérose
sight, vision
sigmoid, sigmoïde
sigmoidoscopy, sigmoïdoscopie
sigmoidostomy, sigmoïdostomie
sign, signe
signal, signal
signature, label
significant, important, significatif
silent, silencieux
silicosis, silicose
simple fracture, fracture fermée
simple protein, holoprotéine
simulation, simulation
simulator, simulateur
sinew, tendon
singer's node, nodule vocal
single, seul, unique
single blind test, essai thérapeutique à l'insu
single bond, liaison simple
single ventricle, ventricule unique
sinistrocardia, lévocardie
sinistrotorsion, lévorotation
sinoatrial, sino-auriculaire
sinoatrial node, nœud de Keith et Flack
sinus, sinus
sinus arrhythmia, arythmie sinusale
sinusitis, sinusite
sinusoid, sinusoïdal
site, site, lieu
size, taille, grandeur
skeleton, squelette
skill, habileté, adresse
skin, peau
skull, crâne
sleep, sommeil
sleep treatment, cure de sommeil
sleeping sickness, maladie du sommeil
sleeplessness, insomnie
slice, hanche, coupe

slide, lame
slipping, glissement
slow, lent
small, petit
smallpox, variole
smear, frottis
smegma, smegma
smell, odorat
smoking, tabagisme
smooth muscle fiber, fibre musculaire lisse
snap, claquement
snapping finger, doigt à ressort
soap, savon
socket, fourreau, cavitéarticulaire
softening, adoucissement
soft radiation, rayonnement mou
software, logiciel
soil, sol, terre
solar plexus, plexus solaire
sole, plante du pied
soleus muscle, muscle soléaire
solid, solide
solution, solution
solvent, solvant
somatic, somatique
somnambulism, somnambulisme
soporific, soporifique
sore, plaie, lésion
sore throat, angine
sound, son, sain
source, source
space, espace
sparing, économe
sparse, rare
spasm, spasme
spasmolytic, spasmolytique
spastic, spastique
spasticity, spasticité
spatula, spatule
species, espèce
specific, spécifique
specimen, spécimen, échantillon
spectrometry, spectrométrie
spectroscope, spectroscope
spectrum, spectre

speculum, spéculum
speech, langage
speech center, centre du langage
speech therapist, orthophoniste
speed, vitesse
spell, crise, accès
sperm, sperme
spermatic cord, cordon spermatique
spermatocele, spermatocèle
spermatogenesis, spermatogénèse
spermatozoon, spermatozoïde
spermicide, spermicide
sphenoid, cunéiforme
sphenoidal sinus, sinus sphénoïdal
spherocyte, sphérocyte
spherocytosis, maladie de Minkowski-Chauffard
sphincter, sphincter
sphincterotomy, sphinctérotomie
sphygmograph, sphygmographe
sphygmomanometer, sphygmomanomètre
spica, spica
spicule, spicule
spider, araignée
spider nevus, angiome stellaire
spina, épine
spinal, spinal
spinal bulb, bulbe rachidien
spinal cord, moelle épinière
spinal ganglion, ganglion spinal
spinal muscular atrophy, amyotrophie spinale
spinal nerves, nerfs rachidiens
spinal shock, sidération médullaire
spine, colonne vertébrale, rachis
spine of vertebra, apophyse épineuse
spirograph, spirographe
spirometer, spiromètre

splanchnic nerves, nerfs splanchniques
spleen, rate
splenectomy, splénectomie
splenomegaly, splénomégalie
splint, attelle, gouttière
splinter, éclat, esquille
splitting, clivage, dédoublement
spoiled, avarié, gâté
spondyle, vertèbre
spondylitis, spondylite
spondylolisthesis, spondylolisthésis
spondylolysis, spondylolyse
spongiosis, spongiose
spontaneous, spontané
sporadic, sporadique
spore, spore
sporotrichosis, sporotrichose
sport, sport
spot, tache
spotted fever, méningococcémie
sprain, entorse
spray, pulvérisation
spread, propagation, dissémination
spur, éperon
sputum, expectoration
squama, écaille, squame
squamous, squameux
squint, strabisme
staff, personnel d'encadrement
stage, stade, étape
staining, coloration
stammering, bégaiement
standard, norme, étalon
standard deviation, écart-type
stapedectomy, stapédectomie
stapedius muscle, muscle de l'étrier
stapes, étrier
staphyloma, staphylome
staphylorrhaphy, staphylorraphie
star, étoile, stellaire
starch, amidon
start, début

stasis, stase
state, état
stature, taille
status, état de mal
steady, ferme, solide
steady state, état d'équilibre
steal, vol, détournement
steatoma, stéatome
steatorrhea, stéatorrhée
steatosis, stéatose
stellate ganglion, ganglion stellaire
stem, tige, souche
stenosis, sténose
step, pas, étape, marche
stercobilin, stercobiline
stercolith, fécalome
stereognosis, stéréognosie
sterile, stérile
sterility, stérilité
sterilization, stérilisation
sternal, sternal
sternomastoid muscle, muscle sternocléido-mastoïdien
sternum, sternum
steroid, stéroïde
sterol, stérol
stertor, stertor
stethoscope, stéthoscope
stiff, raide
stiffness, raideur
stigma, stigmate
still birth rate, mortinatalité
stimulant, stimulant
stimulation, stimulation
stimulus, stimulus
stitch, suture
stomach, estomac
stomatitis, stomatite
stone, calcul
stools, fèces
storage, stockage
store, réserve
strabismus, strabisme
straight, droit
strain, déformation, effort, souche

strangulation, étranglement
stratified, stratifié
stratum, couche
stream, courant
strength, force
stress, stress, contrainte
stretch reflex, réflexe myotatique
stria, strie
striae atrophicae, vergetures
striated muscle fiber, fibre musculaire striée
stricture, striction
stridor, stridor
string, ficelle
strip, bande
stroke, accident vasculaire cérébral
stroma, stroma
structure, strucutre
study, étude
stuff, matière
stump, moignon
stupor, stupeur
stuttering, bégaiement
sty, orgelet
stylet, stylet, soude
subacute, subaigu
subarachnoid, sous-arachnoïdien
subclavian, sous-clavier
subclavian steal syndrome, syndrome du vol de la sous-clavière
subcrepitant rales, râles souscrépitants
subdural, sous-dural
subjacent, sous-jacent
subject, sujet
subjective, subjectif
subliminal, sous-liminaire
sublingual, sublingual
submaxillary, sous-maxillaire
submucous, sous-muqueux
subnormal, subnormal
subphrenic, sous-diaphragmatique
substance, substance

substrate, substrat
subtotal, subtotal
subunit, sous-unité
success, réussite
succussion, succussion
sucking, succion
suckling, allaitement
sudamina, sudamina
sudden, subit
suffer, souffrir
suffused, congestif
sugar, sucre
suggestibility, suggestibilité
suicid, suicide
sulcus, sillon
sulfur, soufre
sun, soleil
superciliary arch, arcade sourcillière
supercilium, sourcil
superfecundation, superfécondation
superior, supérieur
supination, supination
supply, apport
support, support, soutien
suppository, suppositoire
suppression, suppression
suppuration, suppuration
supraorbital, susorbitaire
suprapubic, suspubien
sural, sural
surdose, surdosage
surface, surface
surface active, tensio-actif
surfactant, surfactant
surgeon, chirurgien
surgery, chirurgie
surrounding, environnant
survey, enquête
survival, survie
susceptibility, sensibilité
suspension, suspension
suture, suture
swab, écouvillon
swallow, gorgée

sweat, sueur
swelling, tuméfaction
swing, oxcillation
sycosis, sycosis
symbiosis, symbiose
symmetry, symétrie
sympathectomy, sympathectomie
sympathetic nervous system, système nerveux sympathique
symphysis, symphyse
symptom, symptôme
symptomatology, symptomatologie
synapse, synapse
synarthrosis, synarthrose
synchondrosis, synchondrose
synchronization, synchronisation

syncope, syncope
syndactylie, syndactylie
syndrome, syndrome
synechia, synéchie
synergy, synergie
synovectomy, synovectomie
synovial fluid, liquide synovial
synovitis, synovite
synthetic, synthétique
syphilide, syphilide
syphilis, syphilis
syringe, seringue
syringomyelia, syringomyélie
syrup, sirop
system, système, appareil
systemic, systémique, général
systole, systole
systolic, systolique

T

T test, test T de Student
tabes, tabès
table, table, tableau
tablet, comprimé
tachycardia, tachycardie
tactile, tactile
taenia coli, bandelette longitudinale du côlon
tail, queue
talipes, pied bot
talipes calcaneus, pied bot talus
talipes equinus, pied bot varus équin
talus, astragale
tampon, tampon
tamponade, tamponade
tap, ponction, robinet
tapeworm, cestode, tænia
tapping, claquement
target cell, cellule-cible
tarsal, tarsien
tarsalgia, tarsalgie
tarsectomy, tarsectomie
tarsoplasty, tarsoplastie
tarsorrhaphy, tarsorraphie
tarsus, tarse
tartar, tartre
taste, goût, saveur
taste bud, bourgeon du goût
taurocholic acid, acide taurocholique
taxinomy, taxinomie
team, équipe
tear, larme
tease, déchirer en lambeau
teat, mamelon
technique, technique

tectum, toit
tectum of mid-brain, lame quadrijumelle
teenage, adolescence
teeth, dents
tegument, tégument
tela, toile
telangiectasis, télangiectasie
telemetry, télémétrie
telepathy, télépathie
telesystole, télésystole
temper, caractère, humeur
temperament, tempérament
temperature, température
temple, tempe
temporal, temporal
temporomandibular joint, articulation temporo-maxillaire
tendinitis, tendinite
tendon, tendon
tenesmus, ténesme
tennis elbow, épicondylite
tenoplasty, ténoplastie
tenorrhaphy, ténorraphie
tenosynovitis, ténosynovite
tenotomy, ténotomie
tensioactive, tensio-actif
tension, tension
tensor, tenseur
tent, tente
tepid, tiède
teratogen, tératogène
teratoma, tératome
terebrant, térébrant
teres, rond et lisse
teres major muscle, muscle grand rond
terminology, terminologie
tertian fever, fièvre tierce
tertiary, tertiaire
test, test, épreuve
test tube baby, fécondation in vitro
testicle, testicule
testis, testicule
testosterone, testostérone

tetanization, tétanisation
tetanus, tétanos
tetany, tétanie
tetracycline, tétracycline
tetradactylous, tétradactyle
tetraplegia, tétraplégie
thalamus, thalamus
thalassemia, thalassémie
thalassotherapy, thalassothérapie
thalidomide, thalidomide
theca, thèque
thecoma, thécome
thenar, éminence thénar
theory, théorie
therapeutics, thérapeutique
therapy, traitement
thermography, thermographie
thermolabile, thermolabile
thermometer, thermomètre
thermophilic, thermophile
thermostat, thermostat
thiamine, thiamine
thickness, épaisseur
thigh, cuisse
thigh bone, fémur
thin, mince
thinness, maigreur
third, troisième
thoracic, thoracique
thoracocentesis, thoracocentèse
thoracoplasty, thoracoplastie
thoracoscopy, thoracoscopie
thoracotomy, thoracotomie
thorax, thorax
thought, pensée
threadworm, nématode
threat reflex, clignement réflexe
threonine, thréonine
threshold, seuil
thrill, frémissement
throat, gorge
throbbing, pulsatile
thrombectomy, thrombectomie
thrombin, thrombine
thromboangiitis, thromboangéite
thromboarteritis, thromboartérite

thrombocyte, thrombocyte
thrombocytopenia, thrombocytopénie
thromboendarterectomy, thromboendartérectomie
thrombokinase, thromkinase
thrombolytic, thrombolytique
thrombopenia, thrombocytopénie
thrombophlebitis, thrombophlébite
thromboplastin, thromboplastine
thrombosis, thrombose
thrombus, thrombus
thrush, muguet
thumb, pouce
thymectomy, thymectomie
thymine, thymine
thymocyte, thymocyte
thymoma, thymome
thymus, thymus
thyroglossal cyst, kyste thyréoglosse
thyroid, thyroïde
thyroidectomy, thyroïdectomie
thyrotoxicosis, thyréotoxicose
thyrotrophin hormone (TSH), hormone thyréotrope (TSH)
thyroxine, thyroxine
tibia, tibia
tic, tic
tick, tique
tidal volume, volume courant
tight junction, nexus
time, temps
timing, chronométrage
tincture, teinture
tinea, teigne
tinnitus aurium, acouphène
tissue, tissu
titration, titrage
titre, titre
tocography, tocographie
tocopherol, tocophérol
toe, orteil
tolerance, tolérance
tomography, tomographie

tone, tonus, ton
tongue, langue
tonic, tonique
tonometer, tonomètre
tonsil, amygdale
tonsillectomy, amygdalectomie
tonsillitis, amygdalite
tooth, teeth, dent(s)
tophus, tophus
topical, topique
topography, topographie
torn, déchiré
torpor, torpeur
torsion, torsion
torso, torse
torticollis, torticolis
touch, toucher
tourniquet, garrot
toxemia, toxémie
toxic, toxique
toxicology, toxicologie
toxicosis, toxicose
toxin, toxine
toxoid, anatoxine
toxoplasmosis, toxoplasmose
trabecule, trabécule
trabeculotomy, trabéculotomie
trace elements, oligoélément
tracer, marqueur
trachea, trachée
tracheitis, trachéite
trachelorrhaphy, trachélorraphie
tracheobronchitis, trachéobronchite
tracheostomy, trachéostomie
tracheotomy, trachéotomie
trachoma, trachome
tract, tractus, voie, faisceau
traction, traction
tragus, tragus
training, entraînement
trait, trait
trance, transe
tranquilizer, tranquillisant
transabdominal, transabdominal
transaminase, transaminase

transference, transfert
transfusion, transfusion
transillumination, transillumination
transmigration, transmigration
transperitoneal, transpéritoneal
transplant, transplant
transplantation, transplantation
transposition, transposition
transudation, transsudation
transverse, transverse, transversal
transvestism, travestissement
trapezium, trapèze
trapezius, trapèze
trapezoid, trapézoïde
trapping, piégeage, rétention
trauma, traumatisme, trauma
travel, déplacement
treadmill, tapis roulant
treatment, traitement
trematoda, trématode
tremor, tremblement
trend, tendance
trephining, trépanation
trial, essai, épreuve
triceps, triceps
triceps reflex, réflexe tricipital
trichiasis, trichiasis
trichinosis, trichinose
trichophytosis, trychophytie
tricuspid valve, valvule tricuspide
trigeminal ganglion, ganglion de Gasser
trigeminal nerve, nerf trijumeau
trigeminal neuralgia, névralgie faciale
trigger, gachette
trigone, triangle, trigone
triplegia, triplégie
triplets, triplés
triploid, triploïde
trismus, trismus
trisomy, trisomie
trocar, trocart
trochanter, trochanter

trochlea, trochlée
trochlear, trochléaire
trochlear nerve, nerf pathétique
trophic, trophique
trophoblast, trophoblaste
trophoblastic disease, môle hydatiforme
true, vrai
troncus, tronc
trunk, tronc
trush, muguet
truss, bandage herniaire
trypanosomiasis, trypanosomiase
trypsin, trypsine
trypsinogen, trypsinogène
tryptophan, tryptophane
tsetse fly, mouche tsé-tsé
TSH, hormone thyréotrope, TSH
tubal, tubaire
tube, tube, sonde
tubercle, tubercule
tuberculid, tuberculide
tuberculin, tuberculine
tuberculoma, tuberculome
tuberculosis, tuberculose
tuberculous, tuberculeux
tuberculum, tubercule
tuberosity, tubérosité

tuberous sclerosis, sclérose tubéreuse de Bourneville
tubo-ovarian, tubo-ovarien
tubular, tubulaire
tubule, tubule
tularemia, tularémie
tumefaction, tuméfaction
tumor, tumeur
tunica, tunique
tuning fork, diapason
tunnel, tunnel, canal
turbinate bones, cornets des
fosses nasales
turbinectomy, turbinectomie
turgid, enflé, turgescent
turgor, turgescence
twitch, secousse musculaire
tylosis, tylosis essentiel
tympanic, tympanique
tympanitis, tympanite
tympanoplasty, tympanoplastie
tympanum, tympan
type, type, genre
typhoid fever, fièvre typhoïde
typhus fever, typhus
typing, groupage
tyrosine, tyrosine

U

ulcer, ulcère
ulcerative, ulcérant
ulcerative colitis, rectocolite hémorragique
ulna, cubitus
ultrasound, ultrason
ultrasonography, ultrasonographie, échographie
ultraviolets rays, rayons ultraviolets
umbilical, ombilical
umbilicated, ombiliqué
umbilicus, ombilic
unciform, unciforme
uncinariasis, ankylostomiase
unconsciousness, inconscience
uncus, uncus
undulant, ondulant
unguent, onguent
unguis, ongle
unicellular, unicellulaire
unilateral, unilatéral
union, union, consolidation
uniovular, uniovulaire
uniparous, unipare
unit, unité, centre, appareil
upper respiratory tract, voies respiratoires supérieures
uptake, fixation
urate, urate
urea, urée
uremia, urémie
ureter, uretère
ureteral, urétéral
ureterectomy, urétérectomie
ureteric, urétéral
ureteritis, urétérite
ureterocele, urétérocèle
ureterolith, urétérolithe
ureterolithotomy, urétérolithotomie
ureterovaginal, urétérovaginal
ureterovesical, urétérovésical
urethra, urètre
urethritis, urétrite
urethrocele, urétrocèle
urethrography, urétrographie
urethroplasty, urétroplastie
urethroscope, urétroscope
urethrotomy, urétrotomie
urgency, besoin impérieux
uric, urique
urinalysis, analyse urinaire
urinary, urinaire
urination, miction
urine, urine
urine output, diurèse
uriniferous, urinifère
urinometer, urinomètre
urobilin, urobiline
urobilinogen, urobilinogène
urochrome, urochrome
urogenital, urogénital
urography, urographie
urolith, calcul urinaire
urologist, urologue
urology, urologie
urticaria, urticaire
uterine, utérin
uterovesical, utérovésical
uterus, utérus
utricle, utricule
uveal tract, uvée
uveitis, uvéite
uvula, luette, uvula
uvulectomy, uvulectomie
uvulitis, ouranite

V

vacancy, lacune
vaccination, vaccination
vaccine, vaccin
vaccinia, vaccine
vacuole, vacuole
vagal, vagal
vagina, vagin
vaginal, vaginal
vaginismus, vaginisme
vaginitis, vaginite
vagotomy, vagotomie
vagus nerve, nerf pneumogastrique
valgus, valgus
valine, valine
Valsalva's experiment, manœuvre de Valsalva
value, valeur, intérêt
valve, valve
valvula, valvule
valvulotomy, valvulotomie
vanishing lung, dystrophie pulmonaire progressive
variable, variable
variation, variation
varicella, varicelle
varicocele, varicocèle
varicose, variqueux
variola, variole
varix, varice
varus, varus
vas, canal
vascular, vasculaire
vasculitis, vascularite
vasectomy, vasectomie
vasoconstriction, vasoconstriction
vasodilatation, vasodilatation

vasomotor, vasomoteur
vasopressin, hormone antidiurétique, vasopressine
vasopressin test, épreuve à la post-hypophyse
vasospasm, vasospasme
vasovagal, vasovagal
VC, capacité vitale (CV)
VD, MST
vector, vecteur
vegetation, végétation
vein, veine
velocimetry, vélocimétrie
velocity, vitesse
vena, veine
venereal diseases, maladies vénériennes
venography, phlébographie
venous, veineux
ventilation, ventilation
ventral, ventral, antérieur
ventral decubitus, procubitus
ventricle, ventricule
ventricular septal defect, communication interventriculaire
ventriculography, ventriculographie
venula, veinule
vermifuge, vermifuge
verminous, vermineux
verruca, verrue
version, version
vertebra, vertèbre
vertebrobasilar insufficiency, insuffisance vertébrobasilaire
vertex, vertex
vertical, vertical
vertigo, vertige
vesica, vessie
vesical, vésical
vesicant, vésicant
vesicle, vésicule
vesicovaginal, vésicovaginal
vesiculitis, vésiculite
vessel, vaisseau
vestibular, vestibulaire

vestibule, vestibule
vestigial, vestigial
viable, viable
vibration, vibration
vicarious, vicariant
view, vue, incidence
villous, villeux
villus, villosité
virilization, virilisme
virology, virologie
virulence, virulence
virus, virus
viscera, viscère
viscometer, viscomètre
viscous, visqueux
viscus, organe interne
vision, vision
visual, visuel
vital capacity, capacité vitale
vitamin, vitamine

vitelline, vitellin
vitiate, contaminer
vitiligo, vitiligo
vitreous body, vitré
vivisection, vivisection
vocal, vocal
voice, voix
volatile, volatile
volition, volonté
volt, volt
voltage, tension
volume, volume
volvulus, volvulus
vomer, vomer
vomiting, vomissement
voyeurism, voyeurisme
vulvectomy, vulvectomie
vulvitis, vulvite
vulvovaginitis, vulvovaginite

W

wachal fold, ouraque
wading tank, couloir de marche
waist, taille, ceinture
walk, marche
walker, ambulateur
walking, ambulation
walking cast, botte de marche
wall, paroi
wandering, errant
wart, verrue
washing, lavage
waste, déchet
water, eau
wave, onde
wave burst arrhythmia, torsade de pointes
wavelength, longueur d'onde
wax, cire
weakness, débilité
weaning, sevrage
wedge, coin
weight, poids

wen, loupe
wet, mouillé, humide
wetable, mouillable
wetting, mouillant
wheal, papule œdémateuse
whipworm, trichocéphale
whistle, sifflement
white , blanc
whole, entier, complet
whooping cough, coqueluche
wide, large
widening, élargissement
widespread, répandu
windpipe, trachée
wine addiciton, énolisme
wing, aile
winking, clignement
withdrawal, retrait, sevrage
womb, utérus
wooden, ligneux
wooly hair, lanugo
word, mot
work, travail, force
workshop, atelier
work load, charge de travail
worm, ver
wound, plaie
wrist, poignet
writer's cramp, crampe des écrivains
wrong, faux

X

xanthelasma, xanthélasma
xanthine, xantine
xanthochromia, xanthochromie
xanthoma, xanthome

X chromosome, chromosome X
xerodermia, xérodermie
xerophthalmia, xérophtalmie
xeroradiography, xéroradiographie
xerosis, xérosis
xerostomia, xérostomie
xiphoid process, appendice xiphoïde
X-ray, radiographie
XYY genotype, syndrome du double Y

yard, yard, 0,914 m

yaws, pian
Y chromosome, chromosome Y
year, année
yeast, levure
yellow fever, fièvre jaune
yield, fluage, rendement
yolk, vitellus
yolk sac, vésicule ombilicale
young, jeune
youth, jeunesse

Z

Z band, strie Z
zeiosis, zéiose
zero, zéro
Z flap, lambeau en Z

zinc, zinc
zona, zona
zonula, zonule
zoology, zoologie
zoonosis, zoonose
zoopsia, zoopsie
zoosperm, spermatozoïde
zoster, zona
zygomatic bone, os malaire
zygote, zygote
zymogen, proenzyme
zymotic, zymotique

FRANÇAIS-ANGLAIS

A

abaque, abacus
abarticulaire, abarticular
abcès, abscess
abcès gingival, gumboil
abdomen, abdomen
abduction, abduction
ablation, removal
ablation de la langue, glossectomy
ablation des amygdales et des végétations, adenotonsillectomy
ablépharie, ablepharia
abord, approach
abrasion, abrasion
abréaction, abreaction
absence, lack
absence d'utérus, ametria
absorption, absorption
abstinence, abstinence
acalculie, acalculia
acanthocytose, acanthocytosis
acantholyse, acantholysis
acanthome, acanthoma
acapnie, acapnia
acariase, acariasis, acarinosis
acarien, acarus, mite
acatalasie, acatalasia
acathisie, acathisia
accepteur, acceptor
accès, attack, seizure, bout, fit
accès algide palustre pernicieux, algid pernicious malaria
accessoire, accessory
accident du travail, occupational injury
accident vasculaire cérébral, stroke, cerebrovascular accident
accidenté, casualty
acclimatation, acclimatement, acclimatation
accomodation, accomodation
accouchement, delivery, childbirth
accouchement naturel, natural childbirth
acébutolol, acebutolol
acéphale, acephalous
acétabulaire, acetabular
acétaminophène, acetaminophen
acétylcholine, acetylcholine
achalasie, achalasia
achlorhydrie, achlorhydria
achondroplasie, achondroplasia
achromatopsie, achromatopsia
acide, acid
acide acétylsalicylique, acetylsalicylic acid
acide aminé, amino acid
acide ascorbique, ascorbic acid
acide chlorhydrique, hydrochloric acid
acide-citrate-dextrose, ACD
acide désoxyribonucléique (ADN), deoxyribonucleic acid (DNA)
acide diacétique, diacetic acid
acide éthylène diamine tetra acétique, EDTA, EDTA
acide folique, folic acid
acide gras, fatty acid
acide gras libre, free fat acid
acide lactique, lactic acid
acide linoléique, linoleic acid
acide nicotinique, nicotic acid
acide nucléique, nucleic acid
acide para-aminobenzoïque, para-aminobenzoic acid
acide para-aminohippurique, PAH, para-aminohippuric acid
acide phytique, phytic acid
acide ribonucléique (ARN), ribonucleic acid (RNA),
acide taurocholique, taurocholic acid

acidémie, acidemia
acido-résistant, acid-fast
acidose, acidosis
acidose tubulaire rénale, renal tubular acidosis
acinésie, acinesia
acinus, acinus
acmé, acme
acné, acne
acné rosacée, rosacea
acorie, acorée, acorea
acouphène, tinnitus aurium
acoustique, acoustics
acquis, acquired
âcre, acrid
acrocéphalie, acrocephaly
acrocyanose, acrocyanosis
acrodermatite, acrodermatitis
acrodynie, acrodynia, pink disease
acrokératose, acrokeratosis
acromégalie, acromegalia
acromioclaviculaire, acromioclavicular
acromion, acromion
acropathie, acropathy
acropathie ulcéromutilante, acrodystrophic neuropathy
acrosome, acrosome
acte manqué, parapraxis
ACTH, adrenocorticotrophic hormone
actine, actin
actinodermatose, actinic dermatosis
action prolongée, à-, long-acting
activateur, activator
activation, activation
activité, activity
actomyosine, actomyosin
acuité, acuity, acuteness
acupuncture, acupuncture
adactylie, adactylia
adaptation, adaptation
adaptation à l'obscurité, dark adaptation

adaptation à la lumière, light adaptation
adducteur, adductor
adduction, adduction
adénectomie, adenectomy
adénite, adenitis
adénocarcinome, adenocarcinoma
adénofibrome, adenofibroma, fibroadenoma
adénoïdectomie, adenoidectomy
adénoïde, adenoid
adénoïdite, adenoiditis
adénolipome, adenolipoma
adénolymphome, adenolymphoma
adénomatose, adenomatosis
adénome, adenoma
adénome chromophobe, chromophobe adenoma
adénomyome, adenomyoma
adénopathie, adenopathy
adénosine, adenosine
adénosine diphosphate, ADP, ADP
adénosine monophosphate, AMP, AMP
adénosine triphosphate, ATP
adénovirus, adenovirus
adhérence, adhesion
adhérent, adherent
adipeux, adipose
adipocyte, adipose cell, fat cell, lipocyte
adiposité, fatness
adjuvant, adjuvant
ADN, DNA
adolescence, adolescence, teenage
adoucissement, softening
adrénaline, adrenaline, epinephrine
adrénergique, adrenergic
adrénolytique, adrenolytic
adsorption, adsorption
adventice, adventitia

aération, aeration
aérobie, aerobe, aerobic
aérodontalgie, aerodontalgia
aéroembolisme, air embolism
aérophagie, aerophagy
aérosol, aerosol
affaiblissement, abattement
affection, disease
affection démyélinisante, demyelinating disease
afférent, afferent
affiliation, affiliation
affinité, affinity
afibrinogénémie, afibrinogenemia
aflatoxine, aflatoxin
agalactie, agalactia
agammaglobulinémie, agammaglobulinemia
agar, agar
âge, age
âge osseux, bone age
agénésie, agenesis
agent, agent
agent alkylant, alkylating agent
agglutination, agglutination, clumping
agglutinine, agglutinin
agglutinine froide, cold agglutinin
agglutinogène, agglutinogen
aggressine, aggressin
agitation, excitement
agnathie, agnathia
agnosie, agnosia
agoniste, agonist
agoraphobie, agoraphobia
agrafe, clip
agranulocytose, agranulocytosis
agraphie, agraphia
agrégat, aggregate
agrégation plaquettaire, platelet clumping
agression, aggression
aide, help
aigu, acute, sharp
aiguille, needle, acus
aile, ala, wing

aile blanche interne, hypoglossal triangle
aimant, magnet
aine, groin
air, air
air résiduel, residual air
aire, area
aisselle, axilla
ajouter, add
ajustement, adjustment
akathisie, akathisia
albinisme, albinism
albinos, albino
albumine, albumin
albuminurie, albuminuria
alcali, alkali
alcalin, alkaline
alcalinité, alkalinity
alcalinité de l'urine, alkalinuria
alcaloïde, alkaloid
alcalose, alkalemia, alkalosis
alcaptonurie, alkaptonuria
alcool, alcohol
Alcooliques Anonymes, AA
alcool éthylique, ethanol
alcoolisme, alcoholism
aldéhyde, aldehyde
aldolase, aldolase
aldostérone, aldosterone
alexie, alexia
algésie, algesia
algide, algid
algogène, algogenic
algorithme, algorithm
algue, alga
aliénation, alienation, insanity
aliéné, mad
alignement, alignment
alignement dentaire défectueux, malalignment
aliment, nutrient, feed, food
alimentaire, alimentary, dietary
alimentation, alimentation, feeding, diet
alimentation parentérale, enteral feeding

aliquot, aliquot
alitement, confinement
allaitement, suckling
allantoïde, allantois
allèle, allele
allélomorphe, allelomorph
allergène, allergen
allergie, allergy
alliage, alloy
alloanticorps, alloantibody
alloantigène, alloantigen
alloesthésie, allocheiria
allogreffe, allograft
allopathie, allopathy
alloplastie, alloplasty
allure, gait
alopécie, alopecia, baldness
alpha-fœto-protéine, alphafetoprotein (AFP),
alphachymotrypsine, alphachymotrypsin
altération, impairement, damage
aluminium, aluminium
alvéolaire, alveolar
alvéole, alveolus
alvéole pulmonaire, air-cell
alvéolite, alveolitis
amalgame, amalgam
amastie, amastia
amaurose, amaurosis
ambiant, ambient
ambidextre, ambidextrous
ambivalence, ambivalence
amblyopie, amblyopia
ambulance, ambulance
ambulateur, walker
ambulation, walking
ambulatoire, ambulant, ambulatory
amélie, amelia
amélioration, amelioration, improvement
améloblastome dentifié, odonto-
toma
aménorrhée, amenorrhea
amétropie, ametropia
amiante, asbestos

amibe, ameba
amibiase, amebiasis
amidon, starch
amine, amine
amines pressives, pressor amines
amino-acidurie, amino-aciduria
amitose, amitosis
ammoniaque, ammonia
amnésie, amnesia
amnésie antérograde, ecmnesia
amniocentèse, amniocentesis
amniographie, amniography
amnios, amnion
amoebicide, amebicide
amoebome, ameboma
amollissant, enervating
amorphe, amorphus
amortissement, damping
ampère, ampere
amphiarthrose, amphiarthrosis
amphotère, amphoteric
ampoule, ampoule, ampulla, blister
amputation, amputation
amputation orthopédique, kineplasty
amygdale, amygdala, tonsil
amygdalectomie, tonsillectomy
amygdalite, tonsillitis
amylase, amylase
amyloïdose, amyloidosis
amyotonie, amyotonia
amyotrophie, amyotrophy, muscular atrophy
amyotrophie spinale, spinal
muscular atrophy
anabolisme, anabolism
anacrote, anacrotic
anaérobie, anaerobe
anal, anal
analbuminémie, analbuminemia
analeptique, analeptic
analgésie, analgesia
analgésie sacrée, caudal analgesia
analgésique, analgesic

analogue, analogous
analyse, analysis
analyse factorielle, multiple factor analysis
analyse urinaire, urinalysis
anaphase, anaphase
anaphorèse, anaphoresis
anaphylaxie, anaphylaxis
anaplasie, anaplasia
anasarque fœtoplacentaire, hydrops fetalis
anastomose, anastomosis
anatomie, anatomy
anatomie pathologique, pathology
anatoxine, toxoid
androgène, androgen
androstérone, androsterone
anémie, anemia
anémie hémolytique, hemolytic anemia
anencéphalie, anencephaly
anéroïde, aneroid
anesthésie, anesthesia
anesthésie en gant, glove anesthesia
anesthésie locorégionale, regional anesthesia
anesthésie par bloc nerveux, nerve block- anesthesia
anesthésie péridurale, epidural analgesia
anesthésique, anesthesic
anesthésiste, anesthesist
aneuploïde, aneuploid
anévrisme, aneurysm
anévrisme artérioveineux, arteriovenous aneurysm
anévrisme disséquant, dissecting aneurysm
angéite, angiitis
angiectasie, angiectasis
angine, sore throat
angine de poitrine, angina pectoris, angor
angine phlegmoneuse, quinsy

angiocardiogramme, angiocardiogram
angiocardiographie, angiocardiography
angiocholite, cholangitis
angiogramme, angiogram
angiographie, angiography
angiomatose, angiomatosis
angiome, angioma
angiome caverneux, cavernous nevus
angiome plan, capillary nevus
angiome stellaire, spider nevus
angioneurotique, angioneurotic
angioplastie, angioplasty
angiosarcome, angiosarcoma
angiospasme, angiospasm
angiotensine, angiotensin
angle, angle
anhidrose, anhidrosis
anhidrotique, anhidrotic
anhydre, anhydrous
aniline, aniline
animal témoin, control animal
anion, anion
aniséiconie, aniseikonia
anisochromatopsie, anisochromatopsia
anisocorie, anisocoria
anisocytose, anisocytosis
anisomélie, anisomelia
anisométropie, anisometropia
ankyloblépharon, ankyloblepharon
ankyloglossie, ankyloglossia
ankylose, ankylosis
ankylostome, hookworm
ankylostomiase, ancylostomiasis, ankylostomiasis, miner's anemia, uncinariasis
anneau, ring
anneau de Kayser-Fleicher, pericorneal ring
année, year
annexes, adnexa
annulaire, annular, ring finger

anode, anode
anomalie, defect
anomie, anomia
anonychie, anonychia
anopérinéal, anoperineal
anorchide, anorchous
anorectal, anorectal
anorexie, anorexia
anorexie mentale, anorexia nervosa
anormal, anomalous
anormalement petit, justo-minor
anosmie, anosmia
anovulation, anovulation
anoxémie, anoxemia
anoxie, anoxia
anse, loop
antagoniste, antagonist
antalgique, anodyne
antécédents, history, background
antéhypophyse, adenohypophysis
antenne de réanimation, flying squad
antérieur, anterior
antérograde, anterograde
antéroinférieur, anteroinferior
antérointerne, anterointernal
antérolatéral, anterolateral
antéromédian, anteromedian
antéropostérieur, anteroposterior
antérosupérieur, anterosuperior
antéversion, anteversion
anthelminthique, anthelmintic, helminthagogue
anthracose, anthracosis
anthrax, carbuncle
anthropoïde, anthropoid
anthropologie, anthropology
antiacide, antacid
antiagrégant plaquettaire, platelet suppressive agent
antibiotique, antibiotic
anticholinergique, anticholinergic
anticholinestérase, anticholinesterase
anticoagulant, anticoagulant

anticodon, anticodon
anticonceptionnel, contraceptive
anticonvulsivant, anticonvulsant
anticorps, antibody
anticorps bloquant, blocking antibody
anticorps froid, cold antibody
anticorps incomplet, incomplete antibody
antidépresseur, antidepressant
antidote, antidote
antifungique, antimycotic
antigalactique, lactifuge
antigène, antigen
antihistaminique, antihistaminic
antimétabolite, antimetabolite
antimigraineux, antimigraine
antimitotique, antimitotic
antipaludéen, antimalarial
antipéristaltisme, antiperistalsis
antiphlogistique, antiphlogistic
antiprurigineux, antipruritic
antipyrétique, antipyretic
antiscabieux, acaricide
antiscorbutique, antiscorbutic
antiseptique, antiseptic
antisérum, antiserum
antisocial, antisocial
antispasmodique, antispasmodic
antithrombine, antithrombin
antithyroïdien, antithyroid
antitoxine, antitoxin
antitragus, antitragus
antivenin, antivenin
antre, antrum
antrotomie, antrotomy
anurie, anuria
anus, anus
anxiété, anxiety
aorte, aorta
aortique, aortic
aortite, aortitis
apathie, apathy
aperception, apperception
apéristaltisme, aperistalsis
aphakie, aphakia

aphasie, aphasia
aphonie, aphonia
aphrodisiaque, aphrodisiac
aphte, aphta
aplasie, aplasia
aplasie médullaire, aplastic anemia
apnée, apnea
aponévrose, aponeurosis
aponévrose de Denonvilliers, rectovesical septum
apophyse, apophysis, process
apophyse épineuse, spine of vertebra
apophyse mastoïde, mastoid process
apoplexie, apoplexy
appareil, appliance, device, unit
appareil juxtaglomérulaire, juxtaglomerular apparatus
appareil orthopédique, brace
appareil psychique, psychic apparatus
apparenté, related, kindred
appariement, pairing, matching
appendice, appendix
appendice xiphoïde, xiphoid process, ensiform cartilage
appendicectomie, appendicectomy
appendicite, appendicitis
applicateur, applicator
apport, intake, supply
apposition, apposition
apprentissage, learning
approximatif, rough
apraxie, apraxia
aptitude, aptitude
aptyalisme, aptyalism
apyrétique, afebrile
apyrexie, apyrexia
aqueduc, aqueduct
aqueux, aqueous
arachnodactylie, arachnodactyly
arachnoïde, arachnoid
araignée, spider

arborisation, arborization
arbovirus, arbovirus
arbre de vie, arbor vitae
arc, arcus
arcade, arch
arcade sourcilière, brow, superciliary arch
aréole, areola
arginine, arginine
argininosuccinurie, argininosuccinuria
argyrie, argyria
ARN ribosomial, ribosomal RNA
arrhénoblastome, arrhenoblastoma
arriéré, feeble-minded
arrière-faix, after-birth
arrière-train, hindquarters
artéfact, artefact
artère, artery
artère brachiale, brachial artery
artère pulmonaire, pulmonary trunk
artériectomie, arteriectomy
artériel, arterial
artériographie, arteriography
artériole, arteriole
artériopathie, arteriopathy
artérioplastie, arterioplasty
artériosclérose, arteriosclerosis
artériotomie, arteriotomy
artérite, arteritis
arthralgie, arthralgia
arthrectomie, arthrectomy
arthrite, arthritis
arthrodèse, arthrodesis
arthrodynie, arthrodynia
arthrographie, arthrography
arthropathie, arthropathy
arthropathie des hémophiles, hemophilic arthropathy
arthroplastie, arthroplasty
arthroscope, arthroscope
arthroscopie, arthroscopy
arthrose, osteoarthritis
arthrotomie, arthrotomy

articulaire, articular

articulation, joint, articulation

articulation coxo-fémorale, hip joint

articulation en selle, saddle joint

articulation temporo-maxillaire, temporomandibular joint

articulation tibio-astragalienne, ankle joint

artificiel, artificial

aryténoïde, arytenoid

arythmie, arrhythmia

arythmie sinusale, sinus arrhythmia

asbestose, asbestosis

ascaricide, ascaricide

ascaridiase, ascaridiasis

ascaris, ascaris

ascension, rise

ascite, ascites, ascitic fluid

asepsie, asepsis

aseptique, aseptic

asexué, asexual

aspermie, aspermia

asphyxie, asphyxia

aspirateur, aspirator

aspiration, aspiration

aspirine, aspirin

assimilation, assimilation

assistance cardiorespiratoire, basic life support

assisté par ordinateur, computerized

association, association, combination

assortiment, matching, set

astéatose, asteatosis

astéréognosie, astereognosis

asthénie, asthenia

asthénie neurocirculatoire, effort syndrome

asthénopie, asthenopia

asthme, asthma

astigmatisme, astigmatism

astragale, ankle bone, talus

astringent, astringent

astrocytome, astrocytoma

astroglie, astroglia

asymétrie, asymmetry

asymptomatique, asymptomatic

asynclitisme, asynclitism

atavisme, atavism

ataxie, ataxia

ataxie locomotrice, locomotor ataxia

atélectasie, atelectasis

atelier, workshop

athérogène, atherogenic

athérome, atheroma

athérosclérose, atherosclerosis

athétose, athetosis

atlas, atlas

atmosphère, atmosphere

atomiseur, atomizer

atonie, atony

atrésie, atresia

atrophie, atrophy, macies

atrophie sclérosante de la vulve, kraurosis vulvae

atrophique, atrophic

atropine, atropine

attaque, attack, fit, seizure

atteinte, impairment

attelle, brace, splint

attelle pour dorsiflexion du poignet, cock-up splint

attention, attention

atténuation, attenuation

attribution, assignment

atypique, atypical

au-delà, beyond

audiogramme, audiogram

audiologiste, audiologist

audiomètre, audiometer

audiométrie, audiometry

auditif, auditory, aural

augmentation, increase

aura, aura

auriculaire, atrial, aural, auricular

auriculo-temporal, auriculotemporal

auscultation, auscultation

autisme, autism
autiste, autistic
auto-, self-, auto-
auto-contrôle, self-care
auto-immunisation, autoimmunization
auto-immunité, autoimmunity
auto-infection, autoinfection
auto-intoxication, autointoxication
autoagglutination, autoagglutination
autoanticorps, autoantibody
autoantigène, autoantigen
autocatalytique, autocatalytic
autochtone, indigenous
autoclave, autoclave
autodigestion, autodigestion
autoérotisme, autoeroticism
autogène, autogenous
autographisme, autographism
autogreffe, autograft
autohypnose, autohypnose
autolyse, autolysis
automatisme, automatism
autoplastie, autoplasty
autopsie, autopsy
autoradiographie, autoradiography
autorégulation, self-regulation
autosome, autosome
autosomique, autosomal

autosuggestion, autosuggestion
autotransfusion, autotransfusion
autour, circa
avancé, advanced
avancement, progress, advancement
avant-bras, forearm
avant l'accouchement, antepartum
avant la mort, antemortem
avarié, spoiled
avasculaire, avascular
avéré, confirmed
aveugle, blind
aviaire, avian
avirulent, avirulent
avitaminose, avitaminosis
avortement, abortion
avortement provoqué, criminal abortion
avulsion, avulsion
axe, axis
axénique, germ-free
axillaire, axillary
axone, axon
axonotmésis, axonotmesis
azoospermie, azoospermia
azote, nitrogen
azotémie, azotemia
azoturie, azoturia
azygos, azygos

B

bac, pan
bacillaire, bacillary
bacille, bacillus
bacille de la diphtérie, Klebs-Loeffler bacillus
bacillurie, bacilluria
bactéricide, bactericidal
bactérie, bacterium
bactérie aérogène, aerogen
bactériémie, bacteriaemia
bactérien, bacterial
bactériologie, bacteriology
bactériolytique, bacteriolytic
bactériophage, bacteriophage
bactériostatique, bacteriostatic
bactériurie, bacteriuria
bagassose, bagassosis
bain, bath
balanite, balanitis
balayage, scanning
ballonnement, ballooning
ballottement, ballottement,
bandage, bandage
bandage herniaire, truss
bande, band, strip
bandelette longitudinale du côlon, taenia coli
bandelette optique, optic tract
banque de sang, blood bank
bar, bar
barorécepteur, barorecepteur
barrière, barrier
barrière hémato-encéphalique, blood-brain barrier
barrière placentaire, placental barrier
bartholinite, bartholinitis

bas, low
basal, basal
base, base, basis
basilaire, basilar
basique, basic
basophile, basophil, basophilic
bassin, pelvis
bassin androïde, android pelvis
bâtonnet, rod
battement, beat
baume, balm
bec de lièvre, cleft palate, hare lip
bégaiement, stammering, stuttering
behaviorisme, behaviorism
belladonne, belladonna
bénin, benign, mild, innocent
berceau, cradle
béribéri, beriberi
bérylliose, berylliosis
besoin, requirement
besoin impérieux, urgency
bestialité, bestiality
bêta, beta
bêta-bloquant, beta blocker
bézoard, bezoar
biauriculaire, binaural
biberon, bottle
biceps, biceps
bicorne, bicornuate
bicuspide, bicuspid
bifide, bifid
bifurqué, bifurcate
bilan, balance
bilan énergétique, energy balance
bilatéral, bilateral
bile, bile, fel, gall
biliaire, biliary
bilieux, bilious
bilirubine, bilirubine
biliurie, biluria
biliverdine, biliverdine
bimanuel, bimanual
binoculaire, binocular
biochimie, biochemistry
biofeedback, biofeedback

biogenèse, biogenesis
biologie, biology
biométrie, biometry
biophysique, biophysics
biopsie, biopsy
bios, bios
biosynthèse, biosynthesis
biotine, biotin
biovulé, binovular
bisexué, bisexual
bistouri, bistoury
blanc, white
blastocyte, blast cell
blastomycose, blastomycosis
blastomycose chéloïdienne, Lobo's disease
blastula, blastula
blennorrhée, blennorrhea
blépharite, blepharitis
blépharoptose, blepharoptosis
blépharospasme, blepharospasm
blessé, casualty
blessure, injury, wound
blindage, shield
bloc, block
bloc auriculo-ventriculaire, atrio-ventricular block
bloc cardiaque, heart block
bloc de branche, bundle branch block
boire, drink
borborygme, borborygmus
bord, bordure, edge, border, limbus
borreliose, relapsing fever
bosse, boss, bump, lump
bosse sérosanguine, caput succedaneum
botte de marche, walking cast
botulisme, botulism
bouche, mouth
boucle, loop, curl
boue, mud
bouffée, puff
bougie, bougie, candle
boulimie, bulimia

bourbillon, core
bourbouille, prickly heat
bourgeon, bud
bourgeon charnu, granulation tissue
bourgeon du goût, taste bud
bourse, bursa, scrotum
bout, end
bouteille, bottle
bouton, pimple, bleb
bouton d'Orient, oriental sore
brachial, brachial
brachycéphalie, brachycephaly
bradycardie, bradycardia
bradykinine, bradykinin
branche, branch
branchial, branchial
bras, arm, brachium
bregma, bregma
bromhidrose, bromidrosis
bromisme, bromism
bronche, bronchus, bronchial tube
bronchectasie, bronchiectasis
bronchiole, bronchiole
bronchiolite, bronchiolitis
bronchique, bronchial
bronchite, bronchitis
bronchogénique, bronchogenic
bronchographie, bronchography
broncholithe, broncholith
bronchopneumonie, broncho-pneumonia
bronchoscope, bronchoscope
bronchoscopie, bronchoscopy
bronchospasme, bronchospasm
brosse, brush
brucellose, brucellosis
bruit, noise, bruit
bruit de galop, gallop rhythm
bruits du cœur, heart sounds
bruits respiratoires, breath sounds
brûlure, burn
brut, crude
bubon, bubo
buccal, buccal

buccinateur, buccinator
bulbe, bulb
bulbe rachidien, medulla, medulla
  oblongata, spinal bulb

bulle, bubble, bulla
burette, burette
bursite, bursitis
byssinose, byssinosis,

C

cachet, cachet
cachexie, cachexia
cadavre, cadaver
cadre, frame, setting
caduque, decidua
caecum, cecum
caféine, caffeine
caillot, clot
caillot sanguin, blood clot
cal, callus
cal vicieux, malunion
calcaire, calcareous
calcanéum, calcaneus, heel bone
calcémie, calcemia
calciférol, calciferol
calcification, calcification
calcitonine, calcitonin
calcium, calcium
calcul, stone, calculus, concretion
calcul biliaire, gallstone
calcul urinaire, urolith
calcul vésical, cystolithiasis
calibre, gauge
calibrer, calibrate
calice, calyx
callosité, callosity, keratoma
calorie, calorie
calorifique, calorific
calorimètre, calorimeter
calotte, cap
calotte crânienne, calvarium
calvitie, baldness
canal, duct, canal, channel, ductus, vas, tunnel
canal artériel, ductus arteriosus
canal artériel systémique, patent ductus arteriosus

canal biliaire, bile duct
canal carpien, carpal tunnel syndrome
canal cystique, cystic duct
canal galactophore, lactiferous duct
canal sacré, sacral canal
canal semicirculaire, semicircular canal
canalicule, canaliculus
cancer, cancer, carcinoma
cancer bronchique, bronchial carcinoma
cancérophobie, cancerophobia
cancroïde, cancroid
canine, canine teeth
cannabisme, hashishism
canne anglaise, forearm crutch
canthus, canthus
canule, cannula
capacité, capacity, ability
capacité respiratoire, lung capacity
capacité vitale, vital capacity
capillaire, capillary
capsule, capsule
capsulite, capsulitis
capsulotomie, capsulotomy
capuchon céphalique, acrosome cap
capuchon muqueux, pericoronal flap
caractère, temper
caractéristique, feature
carboxyhémoglobine, carboxyhemoglobin
carcinogène, carcinogenic
carcinoïde, carcinoid syndrome
carcinomatose, carcinomatosis
carcinome, carcinoma
cardiaque, cardiac
cardiographe, cardiograph
cardiologie, cardiology
cardiomyopathie, cardiomyopathy
cardiopathie, cardiopathy, heart disease

cardiopathie congénitale, congenital heart disease
cardiopathie ischémique, ischemic heart disease
cardiopathie rhumatismale, rheumatic heart disease
cardiospasme, cardiospasm
cardiovasculaire, cardiovascular
cardite, carditis
carence, deficiency, deprivation
carène, carina
carie, caries
carné, carneous
caroncule, caruncle
caroncule lacrymale, lacrimal caruncle,
caroncule urétrale, urethral caruncle
carotène, carotene
carotide, carotid
carpe, carpus
carpométacarpien, carpometacarpal
carré, quadrate, square
carte, map
cartilage, cartilage
cartilage cricoïde, cricoid cartilage
cartographie, mapping
caryotype, karyotype
caséation, caseation
caséine, casein
cassure, break
castration, castration
catabolisme, catabolism
catalepsie, catalepsy
catalyseur, catalyst
cataphorèse, cataphoresis
cataplexie, cataplexy
cataracte, cataract
catarrhe, catarrh
catatonie, catatonia
catgut, catgut
catharsis, catharsis
cathartique, cathartic
cathéter, catheter
cathétérisme, catheterism

cathode, cathode
cation, kation
causal, causative
caustique, caustic
cautère, cautery
caverne, cavitation
cavité, cavity, chamber
cavité pelvienne, cavity of pelvis
cécité, blindness
ceinture, belt, girdle
cellule, cell
cellule bordante, oxyntic cell, parietal cell
cellule caliciforme, mucous cell, goblet cells
cellule-cible, target cell
cellule hela, hela cell
cellulite, cellulitis
cellulose, cellulose, bulk
Celsius, Celsius
centigrade, centigrade
centimètre, centimetre (cm),
centre, center, centrum, unit
centre du langage, speech center
centrifugeuse, centrifuge
centriole, centriole
centripète, centripetal
centromère, centromere
centrosome, centrosome
céphalée, headache
céphalhématome, cephalhematoma
céphalique, cephalic
céphalocèle, cephalocele
céphalométrie, cephalometry
céphalotribe, cephalotribe
cérébral, cerebral
certificat prénuptial, premarital certificate
cérumen, cerumen, ear wax
cerveau, cerebrum, brain
cerveau antérieur, forebrain
cervelet, cerebellum
cervical, cervical
cervicectomie, cervicectomy
cervicite cervicitis

césarienne, caesarian section
cestode, cestode, tapeworm
cétone, ketone
cétonémie, acetonemia, ketonemia
cétonurie, acetonuria, ketonuria
cétose, ketosis
cétostéroïde, ketosteroid
chaîne, chain
chair, flesh
chalazion, chalazion, meibomian cyst
chaleur, heat, calor
chambre, chamber, room
chambre postérieure de l'œil, posterior chamber of eye
champ, area, field
champ de vision, field of vision
champignon, fungus
chancre, chancre
chancroïde, chancroid
charbon, anthrax, malignant pustule
charge de travail, work load
charpie, lint
chaud, hot
chaussure, shoe
chéilite, cheilitis
chéiloplastie, cheiloplasty
chélateur, chelating agent
chéloïde, keloid
chémorécepteur, chemoreceptor
chémosis, chemosis
chevauchement, overlap
cheveu, hair
cheville, ankle
chiasma, chiasm
chiasma optique, optic chiasma, chiasma opticum
chimère, chimera
chimie, chemistry
chimiotactisme, chemotaxis
chimiothérapie, chemotherapy
chimiotropisme, chemotropism
chiropracteur, chiropractor
chiropraxie, chiropractic
chirurgical, surgical, chirurgical

chirurgie, surgery
chirurgie correctrice, reparative surgery
chirurgie plastique, plastic surgery
chirurgie reconstructive, reconstructive surgery
chirurgien, surgeon
chloasma, chloasma
chlorhydrate, hydrochloride
chloroforme, chloroform
chlorome, chloroma
chlorure, chloride
choane, choana
choc, shock, bump
choc de pointe, apex beat
choc rotulien, patella impact
choix, choice
cholagogue, cholagogue
cholangiogramme, cholangiogram
cholécystectomie, cholecystectomy
cholécystenstérostomie, cholecystenterostomy
cholecystite, cholecystitis
cholécystographie, cholecystography
cholécystolithiase, cholecystolithiasis
cholécystostomie, cholecystostomy
cholédocholithotomie, choledocholithotomy
cholédochotomie, choledochotomy
cholélithiase, cholelithiasis
cholémie, cholemia
choléra, cholera
cholestéatome, cholesteatoma
cholestérol, cholesterol
choline, choline
cholinergique, cholinergic
cholinestérase, cholinesterase
cholurie, choluria
chondriome, chondriome

chondrite, chondritis
chondrodynie, chondralgia
chondromalacie, chondromalacia
chondrome, chondroma
chondrosarcome, chondrosarcoma
chordée, chordee
chordite, chorditis
chorée, chorea
chorion, chorion
choroïde, choroid
choroïdite, choroiditis
choroïdocyclite, choroidocyclitis
chromatine, chromatin
chromatographie, chromatography
chromosome, chromosome
chromosome X, X chromosome
chromosome Y, Y chromosome
chronique, chronic
chronométrage, timing
chute, fall
chyle, chyle
chyleux, chylous
chylifère, lacteal, chylous
chylomicron, chylomicron
chyme, chyme
cicatrice, scar, cicatrix
cicatriciel, cicatricial
cicatrisation, healing, scarring
cils, cilia
cinésie, kinesis
cinétique, kinetics
circadien, circadian
circiné, circinate
circoncision, circumcision
circonvolution, convolution, gyrus
circulation, circulation
cire, wax
cirrhose, cirrhosis
cirsoïde, cirsoid
cisaillement, shearing
ciseaux, scissors
citerne, cistern
citerne de Pecquet, ampulla chyli

clair, clear
clairance, clearance, clearance
clamp, clamp
claquement, click, snap, tapping
classement, grading
claudication, claudication, limp
claudication intermittente, intermittent claudication
claustrophobie, claustrophobia
clavicule, clavicle, collarbone
cléidotomie, cleidotomy
cliché, picture
clientèle, pratice
clignement, winking, blinking,
clignement réflexe, threat reflex
clignotement, nictation blinking
climatère, climateric
clinique, clinic, clinical
clitoris, clitoris
clivage, splitting, cleavage
cloison, septum
cloisonnement, partition
clone, clone
clonique, clonic
clonus, clonus
clonus du pied, ankle clonus
cloque, blister
clou, nail, clavus, boil
clou-plaque, plate-nail
CO2, carbon dioxide
coagulation, clotting, coagulation
coarctation, coarctation
cobalt, cobalt
cobaye, guineapig
cocaïne, cocaine
coccus, coccus
coccygodynie, coccydynia
coccyx, coccyx
cochlée, cochlea
code, code
codéine, codeine
codominance, codominance
codon, codon
coefficient de perméabilité, permeability coefficient
cœliaque, celiac

cœlioscopie, celioscopy
coenzyme, coenzyme
cœur, heart, cardia
cœur-poumon artificiel, heart lung machine
cœur pulmonaire, cor pulmonale
cofacteur, cofactor
coiffe, caul, cap, cuff
coiffe des rotateurs, rotator cuff
coin, wedge
coït, coitus
col de l'utérus, cervix uteri
colectomie, colectomy
coliforme, coliform
colique, colic
colique néphrétique, renal colic
colite, colitis
collagène, collagen
collapsus, collapse
collateral, collateral
collection, collection
collobome, colloboma
collodion, collodion
colloïde, colloid
côlon, colon
côlon ascendant, ascending colon
colonie, colony
colonne, column
colonne vertébrale, backbone, spine
colorant, dye
coloration, staining
coloration de Papanicolaou, Papanicolaou stain
colostomie, colostomy
colostrum, colostrum
colotomie, colotomy
colpite, colpitis
colpocèle, colpocele
colpohystérectomie, colpohysterectomy
colpopérinéorraphie, colpoperineorrhaphy
colporraphie, colporrhaphy
colposcope, colposcope

colposcopie, colposcopy
colpotomie, colpotomy
columelle, modiolus
coma, coma
coma dépassé, brain death
comateux, comatose
comédon, blackhead, comedones
commensal, commensal
commentaire, comment
commissure, commissure
commun, common
communication, communication
communication interauriculaire, atrial septal defect
communication interventriculaire, ventricular septal defect
compartiment, compartment
compas à calibrer, calipers
compatibilité, compatibility
compensation, compensation
complément, complement
complet, complete
complexe, complex
complexe apparenté au SIDA, ARC
complexe d'infériorité, inferiority complex
compliance, compliance
complication, complication
comportement, behavior
composant, component
composé, compound
compréhension, comprehension
compresse, compress, pad
compression, compression
compression médullaire, cord compression
comprimé, tablet
compte, count
compte-rendu, report
compteur, counter
compteur Geiger, Geiger counter
concavité, concavity
concentration, concentration
concentré, concentrate
concentrique, concentric

conception, conception
concrétion, concretion
condensateur, condenser
condensation, condensation
conditionnement, conditioning
condom, condom
conductance, conductance
conducteur, conductor
conduction, conduction
conduction osseuse, osteophony
conduit, duct, canal
conduite à tenir, approach
condyle, condyle
condylome, condyloma
cône, cone
confabulation, confabulation
conflit, conflict
conformité, compliance
confusion, confusion
confusion mentale, delirium
congélation, freezing
congénital, congenital
congestif, suffused
congestion, congestion
congestion pulmonaire, congestion of the lungs
conisation, conization
conjonctif, connective
conjonctive, conjunctiva
conjonctivite, conjunctivitis
conjugué, conjugate
connaissance, cognition, knowledge
connu, known
conque, concha auris
consanguinité, consanguinity
conservateur, conservative
consolidation, consolidation
consommation d'oxygène, oxygen uptake
constant, constant, consistent
constante, constant
constipation, constipation
constitutionnel, constitutional
constriction, constriction
contact, contact, relation

contagieux, contagious
contaminer, vitiate
contenu, content
contour, outline
contraceptifs oraux, contraceptive pills
contraception, contraception
contraction, contraction
contraction en sablier, hourglass contraction
contracture, contracture
contracture ischémique, ischemia contracture
contrainte, stress
contre-indication, contraindication
contrecoup, contrecoup
controlatéral, contralatéral, contralateral
contrôle, control
contusion, contusion, bruise
convalescence, convalescence
convection, convection
convergence, convergence
conversion, conversion
convexe, convex
convulsion, convulsion
copulation, copulation
coqueluche, pertussis, whooping cough
cor, corn, clavus
coracoïde, coracoid
corde, chorda, cord
cordon sanitaire, sanitary cordon
cordon spermatique, spermatic cord
corne, horn
corné, keratic
cornée, cornea
cornets des fosses nasales, turbinate bones
coroner, coroner
coronoïde, coronoid
corps, body, corpus, shaft
corps calleux, corpus callosum
corps cellulaire, cell body

corps ciliaire, ciliary body
corps étranger, foreign body
corps genouillé, geniculate body
corps jaune, corpus luteum
corps mamillaire, corpus mamillare
corps résiduel, residual body
corps strié, corpus striatum
corps vertébral, corpus vertebral
corps vitré, corpus vitreum
corpulence, corpulence, corpulency
corpuscule, body, corpuscule
correctif, corrective
corrosif, corrosive
cortex, cortex
cortical, cortical
corticostéroïde, corticosteroid, adrenocortical steroid
corticosurrénale, adrenal cortex
cortisol, cortisol
cortisone, cortisone
coryza, coryza
cosmétique, cosmetic
costal, costal
costochondrite, costochondritis
cotation, score
côte, rib
côté, side
cotylédon, cotyledon
cou, neck
cou-de-pied, instep
couche, layer, coat, stratum
couché, lying
couche de cellules à épines, prickle-cell layer
couches de bébé, diaper
coude, elbow
couleur, color
couloir de marche, wading tank
coup, shot
coup de chaleur, heat stroke
coup de pied, kick
coupe, slice, cup
courant, stream, current

courant alternatif, alternating current
courbe, bend, curve
couronne ajustée, shell crown
couronne de dent, corona dentis
cours, course
court, short
court-circuit, short circuit, by-pass
coussinet, pad
couture, seam
couverture, coverage
couveuse, incubator
coxalgie, coxalgia
crainte, fear
crampe, cramp
crampe des écrivains, writer's cramp
crâne, skull, cranium
cranioclaste, cranioclast
craniométrie, craniometry
craniopharyngiome, craniopharyngioma
craniosténose, craniostenosis
craniosynostose, craniosynostosis
craniotabès, craniotabes
craniotomie, craniotomy
créatine, creatine
créatinine, creatinine
crème, cream
crépitation, crepitation, crepitus
crête, crest, ridge
crête ampullaire, acoustic crest
crête iliaque, iliac crest
crétinisme, cretinism
creux, hollow
cri, cry
criblage, screening
criblé, cribriform
crise, attack, spell, seizure, crisis
crise d'épilepsie, epileptic seizure
cristallin, lens
cristalloïde, crystalloid
cristallurie, crystalluria
critique, critical
crochet, hook

croissance, growth
croissant, crescent
croup, croup
croûte, crust, scab
crucial, crucial
crural, crural
cryesthésie, cryesthesia
cryoanalgésie, cryoanalgesia
cryochirurgie, cryosurgery
cryothérapie, cryotherapy
cryptoménorrhée, cryptomenorr-
  rhea
cryptorchidie, cryptorchism
cubitus, ulna
cuisse, thigh
culdoscopie, culdoscopy
culture, culture
cunéiforme, cuneiform, sphenoid
curare, curare
curatif, curative
curetage, curettage
curette, curette
cure de dégoût, aversion therapy
cure de sommeil, sleep treatment
curie, curie
cutané, cutaneous
cuticule, cuticle
cuvette, pan
cyanocobalamine, cyanocobalamin
cyanose, cyanosis
cycle, cycle
cycle anovulatoire, anovulatory
  cycle
cycle de Krebs, Krebs' citric acid
  cycle
cycle de l'acide citrique, citric
  acide cycle

cyclite, cyclitis
cyclodialyse, cyclodialysis
cycloplégie, cycloplegia
cyclothymie, cyclothymia
cyclotomie, cyclotomy
cylindre, cast
cylindre épithélial, epithelial cast
cylindre urinaire, blood cast
cyphoscoliose, kyphoscoliosis
cyphose, kyphosis
cystadénome, cystadenoma
cystectomie, cystectomy
cysticercose, cysticercosis
cystine, cystine
cystinose, cystinosis
cystinurie, cystinuria
cystite, cystitis
cystocèle, cystocele
cystographie, cystogram
cystométrie, cystometry
cystoscope, cystoscope
cystostomie, cystostomy
cystotomie, cystotomy
cytochrome, cytochrome
cytogénétique, cytogenetics
cytologie, cytology
cytologie exfoliatrice, exfoliature cytology
cytolyse, cytolysis
cytomètre, cytometer
cytopathogène, cytopathic
cytoplasme, cytoplasm
**cytotoxicité cellulaire dépen-
  dant des anticorps,** ADCC
cytotoxine, cytotoxin
cytotoxique, cytotoxic
cytotrophoblaste, cytotrophoblast

D

dacryoadénite, dacryoadenitis

dacryocystite, dacryocystitis

dacryocystorhinostomie, dacryocystorhinostomy

dacryolithe, dacryolith

dactylie, dactylitis

dactylologie, dactylology

daltonisme, colour blindness, daltonism

dartre, scurf

darwinisme, darwinism

date, date

débile, feeble-minded

débilité, debility, infirmity, weakness

débit, flow, output, raté

débit cardiaque, cardiac output

débit expiratoire, expiratory flow rate

débordement, overflow

debout, erect

débridement, debridement

début, onset, start

décapsulation, decapsulation

décérébré, decerebrate

déchet, waste

déchiré, torn

déchirer en lambeau, tease

déchirure, laceration

décibel, dB, dB

décollation, decapitation

décollement de la rétine, detached retina, retinal detachment

décolorant, bleach

décompensation, decompensation

décomposition, decay, decomposition, breakdown

décompression, decompression

déconditionnement, deconditioning

décortication, decortication

décubitus, decubitus, reclined position

décussation, decussation

défécation, defecation

défibrillateur, defibrillator

défibriné, defibrinated

déformation, deformity

dégénérescence, degeneration

dégénérescence graisseuse, fatty degeneration

dégénérescence wallerienne, secondary degeneration

déglutition, deglutition

dégradation, dégradation

degré, grade

délai, delay

délétion, deletion

délire, delusion

delirium tremens, delirium tremens

délivrance, placental birth

deltoïde, deltoid

démangeaison, itching

démarcation, demarcation

démarche, gait

démence, dementia

dément, non compos mentis

demi-vie, half-life

démographie, demography

dénaturation, denaturation

dendrite, dendrite

dénervé, denervated

dengue, dengue

dénomination commerciale, proprietary name

denrée alimentaire, food stuff

densité, density

dent(s), tooth,teeth

dent canine, eyetooth

dent incluse, impacted tooth

dentaire, dental
denté, dentate
dentier, denture
dentine, dentin
dentiste, dentist
dentition, dentition
dents de lait, deciduous teeth, milk teeth
dents permanentes, permanent teeth
dénutrition, denutrition
déodorant, deodorant
dépassement, overshoot
dépendance, dependance
dépense, expenditure
dépersonnalisation, depersonalization
dépilatoire, depilatory
dépistage, screening
déplacement, displacement, shift, travel
déplétion, depletion
dépôt, deposit
dépression, depression
dépression d'involution, involutional depression,
dépression nerveuse, nervous breakdown
dépression réactionnelle, reactive depression
dérivation, derivation, lead, by-pass, shunt
dérivation bipolaire ou périphérique, bipolar lead
dérivé, derivative
dermatite, dermatitis
dermatoglyphes, dermatoglyphics
dermatographie, dermatography
dermatologie, dermatology
dermatologiste, dermatologist
dermatome, dermatome
dermatomycose, dermatomycosis
dermatomyosite, dermatomyositis
dermatophyte, dermatophyte
dermatophytose, ringworm
dermatose, dermatosis

derme, cutis, derma, dermis
dermite professionnelle, industrial dermatitis
dermographie, dermographia, autographism
dernier, last
désamination, deamination
désarticulation, disarticulation
descendant, descending
désensibilisation, desensitization
déséquilibre, imbalance
déshydratation, dehydratation
déshydrogénase, dehydrogenase
désinfectant, disinfectant
désinfestation, disinfestation
desmoïde, desmoid
désorientation, disorientation
désoxydation, deoxidation
desquamation, desquamation
dessication, desiccation
dessin, picture
désuet, obsolete
détendeur, pressure-reducer
détendu, loose
détergent, detergent
détérioration, deterioration
déterminant antigénique, antigenic determinant
détermination, assay
détournement, steal
détoxication, detoxication
détresse, distress
détritus, detritus
détroit inférieur du bassin, outlet of pelvis
détrusor, detrusor urinae
deutéranomalie, deuteranomaly
deuxième bruit cardiaque, second heart sound
devant, front
développement, development
déviation, deviation
dextran, dextran
dextrine, dextrine
dextrocardie, dextrocardia

dextrose, dextrose
diabète insipide, diabetes insipidus
diabète sucré, diabetes mellitus
diabétique, diabetic
diabétogène, diabetogenic
diagnostic, diagnosis, diagnostic
diagnostic différentiel, differential diagnosis
diagnostic par excès, overdiagnosis
dialyse, dialysis
diamètre, diameter
diamètre promonto-rétropubien, conjugate diameter
diapason, tuning fork
diapédèse, diapedesis
diaphorétique, diaphoretic
diaphragme, diaphragm, midriff
diaphyse, diaphysis
diarrhée, diarrhea
diarthrose, diarthrosis
diastase, diastase
diastasis, diastasis
diastole, diastole
diastolique, diastolic
diathermie, diathermy
diathèse, diathesis
dichotomie, dichotomy
dicrote, dicrotic
diélectrique, dielectric
diététicien, dietetitian
diététique, dietetics
diffraction, diffraction
diffusion, diffusion
digestion, digestion
digitale, digitalis
dilatation, dilatation
dilatation par bougies, bougienage
dilatateur, dilator
dilution, dilution, potency
dimercaprol, BAL
diminution, decrement
dioptrie, dioptre
dioxyde, dioxide

diphtérie, diphtheria
diplégie, diplegia
diplocoque, diplococcus
diploé, diploe
diploïde, diploid
diplopie, diplopia, double vision
dipsomanie, dipsomania
disaccharide, disaccharide
discision, needling
discission, discission
discret, discrete
disjonction, disjunction
disparition, disappearence
dispersion, scatter
disponibilité, availability
disponible, available
dispositif, device
dispositif intrautérin, coil, intrauterine contraceptive device
disposition, arrangement, affect, array
disproportion, disproportion
disque, disc, disk
disque optique, optic disk
disque vertébral, vertebral disk
dissection, dissection
dissémination, spread
disséminé, disseminated
dissociation, dissociation
dissolution, dissolution
distal, distal
distichiase, distichiasis
distillation, distillation
diurèse, diuresis, urine output
diurétique, diuretic
diurne, diurnal
diverticule, diverticulum
diverticulite, diverticulitis
diverticulose, diverticulosis
division, division
DL 50, LD50
doigt, finger, dactyl, digit
doigt à ressort, snapping finger
doigt en marteau, mallet finger
dôme pleural, pleura cervicalis
dominant, dominant

données, data
donneur, donor
dopa-réaction, dopa reaction
dopage, doping
dopamine, dopamine
dopant, dope
dormant, quiescent
dorsal, dorsal
dorsiflexion, dorsiflexion
dos, back
dosage, assay
dosage immunologique, immunoassay
dose, dose
dose mortelle, lethal dose
douche, shower, douche
douleur, pain, ache, dolor
douleur de croissance, growing pain
douleur exquise, sharp pain
douleur fulgurante, lightning pains
douleur projetée, refered pain
douleur utérine au cours du travail, bearing down
douloureux, aching
douve, fluke
doux, mild, bland
drain, drainage tube
drépanocytose, sickle-cell anemia
droit, straight, right, erect, dexter
duodénal, duodenal
duodénostomie, duodenostomy
duodénum, duodenum
duplication, du-plication
durcissement, hardening
dure-mère, dura mater

durillon, corn
dysarthrie, dysarthria
dyschésie, dyschezia
dyschondroplasie, dyschondroplasia
dyscorie, dyscoria
dysdiadococinésie, dysdiadocokinesia
dysentérie, dysentery
dysesthésie, dysesthesia
dysfonctionnement, dysfunction
dysgénésie gonadique, gonadal dysgenesis
dyshidrose, cheiropompholyx, pompholyx
dyskinésie, dyskinesia
dyslalie, dyslalia
dyslexie, dyslexia
dysménorrhée, dysmenorrhea
dysostose, dysostosis
dysostose cléido-crânienne, cleidocranial dysostosis
dyspareunie, dyspareunia
dyspepsie, dyspepsia
dysphagie, dysphagia
dysphasie, dysphasia
dysplasie, dysplasia
dyspnée, dyspnea
dyspnée de Kussmaul, air hunger
dystocie, dystocia
dystrophie, dystrophy
dystrophie musculaire progressive, muscular dystrophy
dystrophie pulmonaire progressive, vanishing lung
dysurie, dysuria

E

eau, water
eau potable, drinking water
éblouissement, glare
ébranlement, shaking
écaille, squama
écart-type, standard deviation
écarteur, retractor
ecchondrome, ecchondroma
ecchymose, ecchymosis, bruise
eccrine, eccrine
échancrure, incisura, notch
échantillon, sample
échantillonnage, sampling
échappement, escape
échelle, scale
échocardiographie, echocardiography
écholalie, echolalia
éclampsie, eclampsia
éclat, splinter, glitter
écologie, ecology
économe, sparing
écoulement, discharge, flow
écoulement gazeux, airflow
écouvillon, swab
écran, screen, shield
écran fluorescent, fluorescent screen
ectasie, ectasia
ecthyma, ecthyma
ectoderme, ectoderm
-ectomie, -ectomy
ectopique, ectopic
ectrodactylie, ectrodactylia
ectropion, ectropion
eczéma, eczema
effecteur, effector
efférent, efferent
effervescent, effervescent
effet, effect
effet cumulatif, cumulative action
effet de masque, masking effect
effet secondaire, side effect
efficace, effective
efficacité, efficiency
effleurage, effleurage
effort, effort, strain, exercise
effusion, effusion
égocentrique, egocentric
éjaculation, ejaculation
élargissement, widening
élastine, elastin
élastique, elastic
élastose, elastosis
électrocardiogramme (ECG), electrocardiogram (ECG),
électrochoc, electroconvulsive therapy
électrode, electrode
électroencéphalogramme (EEG), electroencephalogram (EEG),
électrolyse, electrolysis
électrolyte, electrolyte
électromagnétique, electromagnetic
électromyographie, (EMG), electromyography (EMG),
électron, electron
électrophonocardiographie, electrocardiophonography
électrophorèse, electrophoresis
électrorétinogramme, electroretinogram
électuaire, lincture
élément, element, cell
élément surajouté, overlay
éléphantiasis, Barbados leg, elephantiasis
éléphantiasis familial, Milroy's disease
élevé, high
élimination, elimination
élixir, elixir

élution, elution
émaciation, emaciation
émail, enamel
embolectomie, embolectomy
embole, embolus
embolie, embolism
embolie graisseuse, fat embolism
embrocation, embrocation
embryologie, embryology
embryome, embryoma
embryon, embryo
embryopathie, embryopathy
embryotome, embryotome
embryotomie, embryotomy
émétique, emetic
éminence, protuberance
éminence hypothénar, hypothenar eminence
éminence thénar, thenar eminence
émission, emission
emmétropie, emmetropia
emollient, demulcent, emollient
émotion, emotion
émoussé, blunt, obtuse
empathie, empathy
emphysème, emphysema
empirisme, empiricism
emploi abusif, abuse
empreinte digitale, finger print
empyème, empyema
émulsion, emulsion
énarthrose, enarthrosis
enceinte, pregnant
encéphale, brain, encephalon
encéphalique, encephalic
encéphalite, encephalitis
encéphalite périveineuse, postinfectious encephalitis, postvaccinal encephalitis
encéphalocèle, encephalocele
encéphalographie, encephalography
encéphalomacie, encephalomacia
encéphalomyélite, encephalomyelitis

encéphalopathie, encephalopathy
enchondrome, enchondroma
enclouage, roding
enclume, incus
encoprésie, encopresis
endartérite, endarteritis
endémique, endemic
endocardite, endocarditis
endocervicite, endocervicitis
endocrine, endocrine
endocrinologie, endocrinology
endoderme, endoderm
endogène, endogenous
endolymphe, endolymph
endomètre, endometrium
endométriome, endometrioma
endométriose, endometriosis, adenomyosis
endométrite, endometritis
endonèvre, endoneurium
endormi, asleep
endorphine, endorphin
endoscope, endoscope
endothéliome, endothelioma
endothélium, endothelium
endotoxine, endotoxin
endotrachéal, endotracheal
énergie, energy
énergique, drastic
enfance, childhood
enfant, child
enflé, turgid
engagement, engagement
engelure, chilblain, pernio
engorgement, engorgement
enkysté, encysted
enlèvement, removal
énolisme, wine addiciton
énophtalmie, enophthalmos
énostose, enostosis
enquête, survey, probe, inquest
enregistrement, record
enroué, hoarse
enroulement, coil
ensemencement, seeding
entérectomie, enterectomy

entérique, enteric
entérite, enteritis
entérocèle, enterocele
entérocolite, enterocolitis
entérocoque, enterococcus
entérokinase, enterokinase
entérolithe, entherolith
entéroptose, enteroptosis
entérosténose, enterostenosis
entérotomie, enterotomy
entérovirus, enterovirus
entier, whole
entorse, sprain
entraînement, training
entraînement électrosystolique, pacing
entrée, aditus, introitus
entropion, entropion
énucléation, enucleation
énurésie, aconuresis, enuresis
enveloppement, pack
envie de l'ongle, hangnail
environnant, surrounding
environnement, environment
enzyme, enzyme
éosine, eosin
éosinophile, eosinophil
éosinophilie, eosinophilia
épaisseur, thickness
épaissi, inspissated
épanchement, effusion
épaule, shoulder
épaule gelée, frozen shoulder
épendyme, ependyma
épendymome, ependymoma
éperon, spur
éphédrine, ephedrine
éphélide, macula solaris, ephelis
épiblépharon, epiblepharon
épicanthus, epicanthus
épicarde, epicardium
épicondyle, epicondyle
épicondylite, tennis elbow
épicrâne, epicranium
épidémie, épidémique, epidemic
épidémiologie, epidemiology

épiderme, epidermis
épidermolyse, epidermolysis
épidermophytose, epidermophytosis
épididymite, epididymitis
épidural, epidural
épigastre, epigastrium
épiglotte, epiglottis
épilation, epilation
épilepsie, epilepsy
épileptiforme, epileptiform
épiloïa, epiloia
épine, spur, spina
épinèvre, epineurium
épiphora, epiphora
épiphyse, epiphysis, pineal gland
épiphysite, epiphysitis
épiplocèle, omentocele
épiploon, epiploon, omentum
épiploopexie, omentopexy
épisclérite, episcleritis
épisiotomie, episiotomy
épispadias, epispadias
épistaxis, epistaxis
épithélial, epithelial
épithéliome, epithelioma
épithélium, epithelium
épithélium cilié, ciliated epithelium
épitrochlée, epithrochlea
épreuve, method, test
épreuve à la phénol sulfone phtaléine, phenol red test
épreuve à la post-hypophyse, vasopressin test
épreuve de la résistance globulaire, osmotic fragility test
épuisement par la chaleur, heat exhaustion
épulis, epulis
équilibre, equilibrium, balance
équilibre acido-basique, acid-base balance
équipe, team
éraflement, erasion
érecteur, erector

érectile, erectile

ergographe, ergograph

ergomètre, ergometer

ergonomie, ergonomy

ergostérol, ergosterol

ergothérapie, occupational therapy

ergotism, ergotism

érosion, erosion

érotique, erotic

errant, wandering

erreur, error

erreur-type, standard error

éructation, eructation

éruption, eruption

érysipèle, erysipelas

érysipéloïde, erysipeloid

érythème, erythema, flare

érythème fessier, napkinrash

érythème noueux, erythema nodosum

érythème polymorphe, erythema multiforme

érythrasma, erythrasma

érythroblaste, erythroblast

érythroblastose fœtale, erythroblastosis fetalis

érythrocyanose, erythrocyanosis

érythrocyte, erythrocyte

érythrocytopénie, erythrocytopenia

érythrocytose, erythrocytosis

érythrodermie, erythroderma

érythropoïèse, erythropoiesis

escarre, eschar, sore

escarre de décubitus, bedsore

escarre de pression, pressure sore

ésotérique, esoteric

ésotropie, esotropia

espace, space, compartment

espace mort, dead space

espace mort respiratoire, dead volume

espace réticulé d'un os, cancellus

espèce, species

esprit, mind, psyche

esquille, splinter

essai, trial, test

essai biologique, bioassay

essai en double aveugle, double-blind trial

essai thérapeutique à l'insu, single blind test

essence, essentiae, gasoline

essentiel, essential

estomac, stomach

étalon, standard

étape, stage, step

état, state

état antérieur, previous state

état d'équilibre, steady state

état de mal, status

état nauséeux gravidique, morning sickness

étendu, extended

éthique, ethics

ethmoïde, ethmoid

ethnologie, ethnology

étiologie, etiology

étoile, star

étranglement, strangulation, constriction

étrier, stapes

étude, study

étuve, incubator

eugénie, eugenics

eunuque, eunuch

euphorie, euphoria

euploïde, euploid

euthanasie, euthanasia

évacuation, evacuation, discharge

évaluation, assessment, rating

évanouissement, faint

évaporation, evaporation

éveil, arousal

événement, event

éventration, eventration

éversion, eversion

évident, obvious

éviscération, evisceration

évolué, advanced

évolution, evolution, course, progress, outcome
évulsion, evulsion
exaltation, elation
examen, examination, exploration
exanthème, exanthema
exarcerbation, exacerbation
excédent, overage
excès, excess
excipient, excipient
excision, excision
excision des hémorroïdes, hemorrhoidectomy
excision de la pointe de la racine d'une dent, apicectomy
excitabilité, excitability
excoriation, excoriation
excrément, excrement
excreta, excreta
excroissance, outgrowth
exemple, sample
exentération, exenteration
exercice actif aidé (ou assisté), active assist exercise
exercice, exercise, practice
exfoliation, exfoliation
exhibitionnisme, exhibitionism
exhumation, exhumation
exogène, ectogenous, exogenous

exomphalos, exomphalos
exostose, exostosis
exotoxine, exotoxin
expansion, expension
expectorant, expectorant
expectoration, expectoration, sputum
expérience, experiment
expérimental, experimental
exploration, exploration
exposition, exposure, display
expression, expression
expulsion, expulsion
exsangue, exsanguinate
exsanguino transfusion, exchange transfusion
exsudation, exudation
extenseur, extensor
extension, extension
externe, external
extirper, extirpate
extracapsulaire, extracapsular
extracellulaire, extracellular
extrait, extract
extrasystole, extrasystole
extravasation, extravasation
extrémité, extremity
extrinsèque, extrinsic
extroverti, extrovert

F

face, face
facette, facet
facial, facial
faciès, facies
facteur, factor
facteur antihémophilique, antihemophilic globulin
facteur antinucléaire, antinuclear factor
facteur antirachitique, antirachitic factor
facteur de qualité, quality factor
facteur intrinsèque, intrinsic factor
facultatif, facultative
faculté, ability, faculty
Fahrenheit, Fahrenheit
faible, feeble
faim, hunger
faim douloureuse, hungerpain
faisceau, beam, bundle
faisceau de His, atrioventricular bundle, auriculoventricular bundle, His bundle
falciforme, falciform
falsification, adulteration
familial, familial
fanatisme, fanaticism
fantasme, fantasy
faradisation, faradism
fascia, fascia
fasciculation, fasciculation
fascicule, fascicle
fatigue, fatigue
fausse-couche, miscarriage
faux, false, wrong
faux du cerveau, falx cerebri

favisme, favism
favus, favus
fébrile, febrile
fécalome, stercolith,
fèces, stoolsfeces
fécondation, fecundation
fécondation in vitro, test tube baby
fécondité, fecondity
femelle, female
femoral, femoral
fémur, femur, thigh bone
fenestration, fenestration
fenêtre, fenestra, window
fente, fissure
fente palatine, cleft- palate
ferme, steady
fermé, closed
fermentation, fermentation
fertilisation, fertilization
fertilité, fertility
fer, iron
fesse, buttock, nates
fessier, gluteal
fétichisme, fetichism
feuille, sheet
fibre, fiber
fibre musculaire lisse, smooth muscle fiber
fibre musculaire striée, striated muscle fiber
fibre nerveuse centrifuge, centrifugal nerve fibre
fibre nerveuse myélinisée, medullated nerve fibre
fibrillation, fibrillation
fibrine, fibrin
fibroblaste, fibroblast
fibrocartilage, fibrocartilage
fibrochondrite, fibrochondritis
fibroélastose, fibroelastosis
fibrome, fibroma
fibrome utérin, fibroid
fibromyome, fibromyoma
fibrosarcome, fibrosarcoma
fibrose, fibrosis

fibrosite, fibrositis
ficelle, string
fièvre, fever, pyrexia
fièvre aphteuse, foot and mouth disease
fièvre à phlébotome, sandfly-fever
fièvre bileuse hémoglobinurique, blackwater fever
fièvre intermittente, ague
fièvre jaune, yellow fever
fièvre pourprée des Montagnes Rocheuses, American spotted fever
fièvre Q, Q fever
fièvre quarte, quartan fever
fièvre récurrente africaine, African tick fever
fièvre rémittente, remittent fever
fièvre tierce, tertian fever
fièvre typhoïde, typhoid fever, enteric fever
figure, face
filaire, filaria
filaire de Médine, guineaworm
filament, filament, filum
filiforme, filiform
fille, daughter
filtration, filtration
filtre, filter
filum terminale, filum terminale
fistule, fistula
fixation, fixation, uptake, binding
flagellation, flagellation
flagelle, flagellum
flambée, outbreak
flasque, flaccid, flabby
flatulence, flatulence, flatus
fléchisseur, flexor
flexion, flexion, flexure
fluage, yield
fluctuation, fluctuation
fluidifiant, mucolytic
fluor, fluorine
fluoration, fluoridation
fluorescéine, fluoresceine

fluoroscopie, fluoroscopy
flutter, flutter
flux, flow, flux
fluxion, fluxion
fœtal, fetal
fœtus, fetus
foie, liver, hepar
foie cirrhotique, hobnail liver
folie, madness, insanity
follicule, follicle
follicule pileux, hair follicle
fomentation, fomentation
fonction, function
fond, fundus
fondamental, fundamental
fondre, melt
fongicide, fungicide
fontanelle, fontanelle
force, strength, force, work
force électromotrice, electromotive force
forme, shape, form
formulaire, formulary, form
fornix, fornix
fosse, fossa
fossette, dimple
fou, mad
foudroyant, fulminating
fourchette vulvaire, fourchette
fourmillement, formication
fourreau, sheath, socket
fovea, fovea
foyer, focus
fraction, fraction
fracture, fracture, break
fracture comminutive, comminuted fracture
fracture d'une ankylose, arthroclasia
fracture en bois vert, greenstick fracture
fracture fermée, simple fracture
fracture ouverte, compound fracture
fragilité, fragility
fragilité osseuse, fragilitas ossium

frais, cool, fresh
frange, fimbria
fratrie, sibship
frein, frenum
frémissement, fremitus, thrill
fréquence, rate, frequency
freudien, freudian
friction, friction
frigidité, frigidity
frisson, chill
froid, cold
front, forehead, brow
frontal, frontal
frottement, friction sound, rub

frottis, smear
fructose, fructose
fructosurie, fructosuria
frustration, frustration
fugue, fugue
fumigation, fumigation
funiculite, funiculitis
furoncle, furuncle, carbuncle, boil
furonculose, furunculosis
fuseau achromatique, achromatic spindle
fusiforme, fusiform
fusion, melting

G

gachette, trigger
gaine, sheath
gaine de Schwann, neurilemma
galactocèle, galactocele
galactogogue, galactogogue
galactorrhée, galactorrhea
galactose, galactose
galactosémie, galactosemia
gale, itch, scabies
galvanisme, galvanism
galvanomètre, galvanometer
gamète, gamete
gammaglobuline, gammaglobuline
gamme, range
gangliectomie, ganglionectomy
ganglion, ganglion
ganglion de Gasser, trigeminal ganglion
ganglion géniculé, geniculate ganglion
ganglion spinal, spinal ganglion
ganglion stellaire, stellate ganglion
gangrène, gangrene
gangrène gazeuse, gas-gangrene
gant, glove
gap-junction, gap-junction
gargarisme, gargle
gargoylisme, gargoylism
garrot, tourniquet
gastrectomie, gastrectomy
gastrine, gastrin
gastrique, gastric
gastrite, gastritis
gastrocèle, gastrocele
gastroduodénostomie, gastroduodenostomy

gastroentérite, gastroenteritis
gastroentérostomie, gastroenterostomy
gastrogastrostomie, gastrogastrostomy
gastrojéjunostomie, gastrojejunostomy
gastrolyse, gastrolysis
gastropexie, gastropexy
gastroptose, gastroptosis
gastroscope, gastroscope
gastrostomie, gastrostomy
gastrulation, gastrulation
gâté, spoiled
gauche, left
gavage, gavage
gaz carbonique, carbon dioxide
gaz intestinal, flatus
gaze, gauze
gel, gel
gélatine, gelatin
gelose, agar
gelure, frostbite
général, general
génération, generation
génétique, genetics
gène, gene
général, systemic
génome, genome
génotype, genotype
genou, knee, genu
genu valgum, knock knee
gériatrie, geriatrics
germe, germ
germicide, germicide
gérontologie, gerontology
gestation, gestation
gestion, management
giardiase, giardiasis
gigantisme, gigantism
gingival, gingival
gingivite, gingivitis
ginglyme, ginglymus
glabelle, glabella
glace, ice
glaireux, glairy

gland, glans
glande, gland
glande apocrine, apocrine gland
glande endocrine, ductless gland
glande mammaire, mamma
glande pinéale, epiphysis cerebri
glande salivaire, salivary gland
glande sébacée, sebaceous gland
glande surrénale, adrenal gland
glaucome, glaucoma
glénoïde, glenoid
gliome, glioma, neuroglioma
gliomyome, gliomyoma
glissement, slipping
globe oculaire, eyeball
globule, blood cell
globule polaire, polar body
globuline, globulin
globuline antilymphocytaire, antilymphocyte globulin
glomérule, glomerulus
glomérulonéphrite, glomerulonephritis
glomus carotidien, carotid body
glossite, glossitis
glossodynie, glossodynia
glossopharyngien, glossopharyngeal
glossoplégie, glossoplegia
glotte, glottis
glucagon, glucagon
glucocorticoïdes, glucocorticoids
glucose, glucose
gluten, gluten
glycémie, glycemia, blood glucose
glycérine, glycerin
glycine, glycine
glycogène, glycogen
glycogénèse, glycogenesis
glycogénolyse, glycogenolysis
glycolyse, glycolysis
glycoprotéine, glycoprotein
glycosurie, glycosuria
godet, scutulum
goître, Derbyshire neck, goiter
gomme, gumma

gonade, gonad
gonadotrophine, gonadotrophin
gonadotrophique, gonadotrophic
gonocoque, gonococcus
gonorrhée, gonorrhea
gorge, throat
gorgée, swallow
gouge, gouge
goût, taste
goutte, drop, gout, bead
goutte-à-goutte, drip
gouttière, splint
gradient, gradient
graisse, fat
graisseux, fatty
gramme, gram
grand, large
grande citerne cérébrale, cisterna magna
grandes lèvres, labia majora
granulaire, granular
granule, granule
granulocyte, granulocyte
granulomatose, granulomatosis
granulome, granuloma
graphe, graph
graphique, chart
gras, fat, fatty
gravelle, gravel
gravide, gravid
gravité, gravity
greffe, graft
greffe cornéenne, corneal graft
greffe osseuse, bone graft
grenouille, frog
grenouillette sublinguale, ranula
grille, grillage, grid
grippe, influenza, grippe
grossesse, gestation, pregnancy, cyesis
grossesse extra-utérine, ectopic pregnancy
grossesse extrautérine, extrauterine gestation
grossesse multiple, multiple pregnancy

grossesse prolongée, postmaturity

groupage, typing

groupage sanguin, blood grouping

groupe, group

groupe sanguin, blood type

guérison, healing, cure, recovery

guide, director

gustatif, gustatory

gynécologie, gynecologie

gynécomastie, gynecomastia

H

habileté, skill
habitat, habitat
habitude, habit
halitose, halitosis
hallucination, hallucination, illusion, delusion
hallucinogène, hallucinogen
halogène, halogen
hamartome, hamartoma, coxa
hanche, hip, coxa
handicapé, handicapped
haploïde, haploid
haptène, hapten
hashish, cannabis
haustration, haustration
haut, high
hauteur, height
hébéphrénie, hebephrenia
hébergement, housing
hédonisme, hedonism
hélice, hélix, helix
héliothérapie, heliotherapy
hélium, helium
helminthe, helminth
helminthiase, helminthiasis
helminthologie, helminthology
hémagglutinine, hemagglutinin
hémangiome, hemangioma
hémarthrose, hemarthrosis
hématémèse, hematemesis
hématie, red blood cell
hématine, hematin
hématinique, hematinic
hématocèle, hematocele
hématocolpos, hematocolpos
hématocrite, hematocrit
hématologie, hematology

hématome, hematome
hématome extradural, epidural hematoma
hématome rétroplacentaire, abruptio placentae
hématomètre, hematometre
hématomyélie, hematomyelia
hématoporphyrine, hematoporphyrin
hématorrhachis, hematorrhachis
hématosalpinx, hematosalpinx
hématoxyline, hematoxylin
hématozoaire, hematozoa
hématurie, hematuria
hème, hem
héméralopie, hemeralopia, night blindness, nyctalopia
hémianopsie, hemianopsia
hémiatrophie, hemiatrophy
hémiballisme, hemiballismus
hémicolectomie, hemicolectomy
hémicrânie, hemicrania
hémiparésie, hemiparesia
hémiplégie, hemiplegia
hémiptère, bug
hémisphère, hemisphere
hémizygote, hemizygous
hémochromatose, hemochromatosis
hémoconcentration, hemoconcentration
hémocytomètre, hemocytometre
hémodialyse, hemodialysis
hémoglobine, hemoglobin
hémoglobinomètre, hemoglobinometer
hémoglobinurie, hemoglobinuria
hémogramme, blood cells count
hémolyse, blood destruction
hémolysine, hemolysin
hémolytique, hemolytic
hémopathie, blood disease
hémopéricarde, hemopericardium
hémopéritoine, hemoperitoneum
hémophilie, hemophilia, bleeder

hémophtalmie, hemophthalmia
hémopoïèse, hemopoiesis
hémopoïétine, hemopoietin
hémoptysie, hemoptysis
hémorragie, hemorrhage
hémorragie occulte, occult blood
hémorragie utérine, flooding
hémorroïdes, hemorrhoids
hémostase, hemostasis
hémostatique, hemostatic
hémothorax, hemothorax
héparine, heparine
hépatectomie, hepatectomy
hépatique, hepatic
hépatisation, hepatization
hépatite, hepatitis
hépatocèle, hepatocele
hépatocyte, hepatic cell
hépatolenticulaire, hepatolenticular
hépatome, hepatoma
hépatomégalie, hepatomegaly
hépatosplénomégalie, hepatosplenomegaly
héréditaire, hereditary
hérédité, heredity, inheritance
hermaphrodite, hermaphrodite
hermétique, hermetic
hernie, hernia
hernie hiatale, hiatus hernia
hernioplastie, hernioplasty
herniorraphie, herniorrhaphy
herniotomie, herniotomy
héroïne, heroin
herpangine, herpangine
herpès, herpes simplex
herpétiforme, herpetiform
herpétique, herpetic
hétérogène, heterogenous
hétérogreffe, heterograft
hétérologue, heterologous
hétérophorie, heterophoria
hétérotropie, heterotropia
hétérozygote, heterozygous
hibernation, hibernation

hidrosadénite, hidradenitis
hidrose, hidrosis
hilaire, hilar
hile, hilum
hippocampe, hippocamp
hippocratique, hippocratic
hippocratisme, clubbing
hippocratisme digital, acropachy
hirsutisme, hirsutism, pilosis
histamine, histamine
histidine, histidine
histiocyte, histiocyte
histochimie, histochemistry
histogenèse, histogenesis
histologie, histologie
histoplasmose, histoplasmosis
holoprotéine, simple protein
Holter, ambulatory electrocardiographic monitoring
homéopathie, homeopathy
homéostasie, homeostasis
homéotherme, homeothermal
homicide, homicide
homme, man
homogène, homogeneous
homogreffe, homograft
homolatéral, homolateral, ipsilateral
homologue, homologous
homosexualité, homosexuality
homozygote, homozygous
honoraires, fee
hôpital, hospital
hoquet, hiccough (hiccup),
hormone, hormone
hormone adénocorticotrope, ACTH, ACTH
hormone antidiurétique, antidiuretic hormone, vasopressin
hormone corticotrope, ACTH, corticotrophin
hormone lutéinisante, LH, luteinizing hormone, LH, luteotrophin
hormone thyréotrope, TSH, thyrotrophin hormone, TSH

hospitalisation à domicile, home care

hôte, host

huile, oil

humain, human

humérus, humerus

humeur, temper, humor, mood

humeur aqueuse, humor aquosus

humide, wet, damp, moist

humidité, humidity

hyalin, hyaline

hybride, hybrid

hydarthrose, hydarthrosis

hydragogue, hydragogue

hydramnios, hydramnios

hydratation, hydratation

hydrate de carbone, carbohydrate

hydrocarbure, hydrocarbon

hydrocèle, hydrocele

hydrocèle vaginale, scrotal hydrocele

hydrocéphalie, hydrocephalus

hydrocortisone, hydrocortisone

hydrogène, hydrogen

hydrolyse, hydrolysis

hydromètre, hydrometer

hydromètrie, hydrometra

hydronéphrose, hydronephrosis, nephrohydrosis

hydropathique, hydropathic

hydropéricarde, hydropericardium

hydropéritoine, hydroperitoneum

hydrophobie, hydrophobia

hydropisie, dropsy, hydrops

hydropneumothorax, hydropneumothorax

hydrosalpinx, hydrosalpinx

hydrothéraphie, hydrotherapy

hydrothorax, hydrothorax

5 - hydroxytryptamine, 5 - hydroxytryptamine, 5 - HT

hyggroma du genou, house maid's knee

hygiène, hygiene

hygiène de la grossesse, prenatal care

hygroma, hygroma

hygromètre, hygrometer

hygroscopique, hygroscopic

hymen, hymen

hyménotomie, hymenotomy

hyperacanthose, acanthosis

hyperaldostéronisme, aldosteronism

hyperacidité, hyperacidity

hyperactivité, hyperactivity

hyperalgésie, hyperalgesia

hyperbarique, hyperbaric

hyperbilirubinémie, hyperbilirubinemia

hypercalcémie, hypercalcemia

hypercapnie, hypercapnia

hyperchlorhydrie, hyperchlorhydria

hypercholestérolémie, hypercholesterolemia

hyperchromie, hyperchromia

hyperémie, hyperemia

hyperesthésie, hyperesthesia

hyperexcitabilité, hyperexcitability

hyperextension, hyperextension, overextension

hyperflexion, hyperflexion

hyperglycémie, hyperglycemia

hypergonadisme, hypergonadism

hyperhidrose, hyperhidrosis

hyperkaliémie, hyperkalemia

hyperkératose, hyperkeratosis

hyperkinésie, hyperkinesis

hyperlipémie, hyperlipemia

hyperlipoprotéinémie, hyperlipoproteinemia

hypermétropie, hypermetropia, farsight

hypermnésie, hypermnesia

hypermobilité, hypermobility

hypermyotonie, hypermyotonia

hypernatrémie, hypernatremia

hypernéphrome, hypernephroma

hyperonychose, hyperonychia

hyperostose, hyperostosis

hyperparathyroïdie, hyperparathyroïdism

hyperphagie, hyperphagia

hyperphorie, hyperphoria

hyperpituitarisme, hyperpituitarism

hyperplasie, hyperplasia

hyperpnée, hyperpnea

hyperpyrexie, hyperpyrexia

hyperréflectivité du sinus carotidien, carotid sinus syncope

hypersécrétion, hypersecretion

hypersensibilité, hypersensitivity

hypersensible, hypersensitive

hypersplénisme, hypersplenism

hyperstimulation, hyperstimulation

hypertension, hypertension, hyperpiesis

hypertension maligne, malignant hypertension

hyperthermie, hyperthermia

hyperthymie, hyperthymia

hyperthyroïdie, hyperthyroïdism

hypertonie, hypertonia

hypertonique, hypertonic

hypertrichose, hypertrichosis

hypertrophie, hypertrophy, overgrowth

hypertrophie compensatrice, compensatory hypertrophy

hyperventilation, hyperventilation

hypervolémie, hypervolemia

hypnose, hypnosis

hypnotique, hypnotic

hypnotisme, mesmerism

hypnurie, nocturia

hypo-, hypo-

hypocalcémie, hypocalcemia

hypochlorhydrie, hypochlorhydria

hypochrome, hypochromic

hypocondre, hypochondrium

hypocondriaque, hypochondriac

hypocondrie, hypochondriasis

hypodermique, hypodermic

hypodermite, panniculitis

hypoesthésie, hypoesthesia

hypofibrinémie, hypofibrinogenemia

hypogastre, hypogastrium

hypogastrique, hypogastric

hypoglycémie, hypoglycemia

hypogonadisme, hypogonadism

hypokaliémie, hypokalemia

hypomanie, hypomania

hypomobilité, hypomobility

hyponatrémie, hyponatremia

hypoparathyroïdie, hypoparathyroïdism

hypophorie, hypophoria

hypophosphatasie, hypophosphatasia

hypophosphatémie, hypophosphatemia

hypophysectomie, hypophysectomy

hypophyse, hypophysis, pituitary gland

hypopituitarisme, hypopituitarism

hypoplasia, hypoplasia

hypoprotéinémie, hypoproteinemia

hypoprothrombinémie, hypoprothrombinemia

hyposécrétion, hyposecretion

hypospadias, hypospadias

hypostase, hypostasis

hypotension, hypotension, hypopiesis

hypothalamus, hypothalamus

hypothermie, hypothermia

hypothèse, hypothesis

hypothrombinémie, hypothrombinemia

hypothyroïdie, hypothyroïdism

hypotonie, hypotonia

hypotonique, hypotonic
hypovitaminose, hypovitaminosis
hypoxie, hypoxia
hystérectomie, hysterectomy
hystérie, hysteria
hystérographie, hysterography

hystéromyomectomie, hysteromyomectomy
hystéropexie, hysteropexy
hystérosalpingographie, hysterosalpingography
hystérotomie, hysterotomy

I

iatrogénique, iatrogenic
ichtyose, ichthyosis
ictère, icterus, jaundice
ictère nucléaire, kernicterus
idée, idea
idée fixe, monomania
identification, identification
idiopathique, idiopathic
idiosyncrasie, idiosyncrasy
idiotie, idiocy, amentia
idiotie amaurotique familiale, amaurotic familial idiocy
iléite, ileitis
iléo-colite, ileocolitis
iléo-colostomie, ileocolostomy
iléo-rectal, ileorectal
iléo-rectostomie, ileoproctostomy
iléon, ileum
iléostomie, ileostomy
iléus, ileus
ilio-coccygial, iliococcygeal
ilion, ilium
illégitime, illegitimate
ilôt, island
image, picture, image
image persistante, after-image
imagerie par résonnance magnétique (IRM), magnetic resonance imaging (MRI),
IMAO, MAOI
immature, immature
immobilité, immobility
immunisation, immunization
immunité, immunity
immunochimie, immunochemistry

immunoélectrophorèse, immunoelectrophoresis
immunofluorescence, immunofluorescence
immunogénétique, immunogenetics
immunoglobuline, immunoglobulin
immunologie, immunology
immunosuppression, immunosuppression
impalpable, impalpable
impédance, impedance
imperforé, imperforate
impétigo, impetigo
implant, implant
implantation, implantation
impliqué, involved
importance relative accordée à une chose, emphasis
important, significant
impossibilité, inhability
impossibilité d'avaler, aglutition, aphagia
impossibilité de plier une articulation, acampsia
imprégnation, impregnation
impression, impression
impuissance, impotence
impulsion, impulse
inactiver, inactivate
inadaptation, maladjustment
inanition, inanition
inarticulé, inarticulate
incapacité, disability, inability
incarcération de l'utérus, sacculated uterus
incarcéré, incarcerated
inceste, incest
incidence, incidence, view
incision, incision
incisive, incisor
incisure, incisure
inclusion intracellulaire, inclusion body
incohérent, incoherent

incompatibilité, incompatibility
incompatible, incompatible
inconscience, unconsciousness
incontinence, incontinence
incoordination, incoordination
incrustation, incrustation
incubation, incubation
incurie, malpractice
indicateur coloré, indicator
indication, indication
indice, clue, index, ratio
indigestion, indigestion
indolore, indolent
induction, induction
induration, induration
inertie, inertia
infanticide, infanticide
infantile, infantile
infantilisme, infantilism
infarcissement, infarction
infarctus, infarct
infarctus myocardique, myocardial infarction
infection, infection
infection à Leptospira canicola, canicola fever
infection bactérienne, sepsis
infection nosocomiale, nosocomial infection
infection par aérosol, droplet infection
infection surajoutée, cross-infection
inférieur, inferior
infestation, infestation
infiltration, infiltration
infirme, disable
infirmière, nurse
infirmité, infirmity
infirmité motrice cérébrale, cerebral palsy
inflammation, inflammation
inflammation des acini, acinitis
inflation, inflation
influence, effect

influencé par le sexe, sex-influenced
influx nerveux, impulse
infrarouge, infrared
infundibulum, infundibulum
ingesta, ingesta
ingestion, ingestion
inguinal, inguinal
inhalation, inhalation
inhibiteurs de la monoamine oxydase (IMAO), monoamine oxidase inhibitor (MAOI),
inhibition, inhibition
initial, initial
injecté, injected
injection, injection
inné, innate, inborn
innervation, innervation
inoculation, inoculation
inoffensif, innocuous, innoxious, safe
inorganique, inorganic
insémination, insemination
insensible, insensible
insertion, insertion
insidieux, insidious
insomnie, insomnia, sleeplessness
inspiration, inspiration
instabilité psychomotrice, restlessness
instillation, instillation
instinct, instinct
instrument, instrument
insuffisance, deficiency, failure, incompetence
insuffisance aortique, aortic incompetence
insuffisance cardiaque, heart failure, cardiac failure
insuffisance mitrale, mitral regurgitation
insuffisance rénale, kidney failure, renal failure
insuffisance vertébrobasilaire, vertebrobasilar insufficiency

insufflation, insufflation
insula, insula
insuline, insulin
insuline-zinc, semilente insulin
insulinome, insulinoma
intelligence, intellect
intelligence normale, sanity
inter-, inter-
interarticulaire, interarticular
intercellulaire, intercellular
intercurrent, intercurrent
interféron, interferon
intermédiaire, intermediate
interne, inner, internal
internement, confinement
interosseux, interosseous
interphase, interphase
interstitiel, interstitial
intertrigo, intertrigo
intertrochantérien, intertrochanteric
intervalle, interval
interventriculaire, interventricular
intervertébral, intervertebral
intestin, bowel, intestine, gut
intestinal, enteral
intima, intima
intolérance, intolerance
intoxication, intoxication
intoxication alimentaire, food poisoning
intoxication tabagique, nicotine addiction
intoxiqué, addict
intra-, intra-
intra-abdominal, intraabdominal
intra-articulaire, intraarticular
intra-osseux, intraosseous
intra-utérin, intrauterine
intracellulaire, intracellular
intracrânien, intracérébral, intracranial
intradermique, intradermal
intradermo-réaction de Casoni, Casoni's test

intradural, intradural
intragastrique, intragastric
intrahépatique, intrahepatic
intralobulaire, intralobular
intramédullaire, intramedullary
intramusculaire, intramuscular
intranasal, intranasal
intrapéritonéal, intraperitoneal
intrathécal, intrathecal
intratrachéal, intratracheal
intraveineux, intravenous
intrinsèque, intrinsic, inherent
introspection, introspection
introverti, introvert
intubation, intubation
intumescence, intumescence
inuline, inulin
invagination, invagination, intussusception
invasion, invasion
inverse, inverse, reverse
inversion, inversion
involucre, involucrum
involution, involution
iode, iodine
iodisme, iodism
iodure, iodide
ion, ion
ionisation, ionization
iridectomie, iridectomy
iridocèle, iridocele
iridocyclite, iridocyclitis
iridoplégie, iridoplegia
iridotomie, iridotomy
iris, iris
IRM, MRI
irradiation, irradiation
irréductible, irreducible
irrigation, irrigation
irritant, irritant
ischémie, ischemia
ischion, ischium, hip bone
isoanticorps, isoantibody
isolement, insulation, isolation, segregation
isomère, isomer

isométrique, isometric
isotope, isotope
isotope radioactif, radioactive
  isotope

issue, outcome
isthme, isthmus
-ite, -itis
ivresse, inebriation

J

jambe, leg, crus
jambe arquée, bowleg
jauge, gauge
jaune, yellow, luteus
jéjunectomie, jejunectomy
jéjunostomie, jejunostomy
jéjunum, jejunum
jeu, set
jeun, à, fasting
jeune, young

jeûne, fast
jeunesse, youth
jointure phalangienne, knuckle
jonction, junction
jonction neuromusculaire, neuromuscular junction
joue, cheek
jour, day
jour frisant, à, oblique light
jugulaire, jugular
jumeaux, twins
jumeaux dizygotes, dizygotic twins
jumeaux uniovulaires, identical twins
jurisprudence, jurisprudence
juvénile, juvenile
juxta-articulaire, juxta-articular
juxtaposition, juxtaposition

K

kala-azar, kala-azar
kératectasie, keratectasia
kératectomie, keratectomy
kératine, keratin
kératite, keratitis
kératite herpétique, herpes corneae
kératolytique, keratolytic

kératomalacie, keratomalacia
kératome, keratome
kératomètre, keratometer
kératoplastie, keratoplasty
kératose, keratosis
kérion, kerion
kinase, kinase
kinésithérapie, physiotherapy
kinesthésie, kinesthesis
koïlonychie, koilonychia
kwashiorkor, kwashiorkor
kyste, cyst
kyste dermoïde, dermoid cyst
kyste hydatique, hydatid
kyste thyréoglosse, thyroglossal
cyst

L

label, signature
labial, labial
labile, labile
laboratoire, laboratory
labyrinthe, labyrinth
labyrinthite, labyrinthitis
lâche, loose, lax
lacrymal, lacrimal, lacrymal
lactalbumine, lactalbumin
lactase, lactase
lactate, lactate
lactation, lactation
lactogène, lactogenic
lactose, lactose
lacune, lacuna, vacancy
lait, milk
lait maternisé, humanized milk
lambdoïde, lambdoid
lambeau, flap
lambeau de glissement, advancement flap
lambeau en Z, Z flap
lame, lamina, slide
lame quadrijumelle, tectum of midbrain
lamelle, lamella
laminectomie, laminectomy
lancette, lancet
langage, language, speech
langue, glossa, lingua, tongue
langue noire, nigrities linguae
lanoline, lanolin
lanugo, lanugo, wooly hair
laparoscope, laparoscope
laparotomie, laparotomy
large, wide
larme, tear

larmoiement, lacrimation
laryngé, laryngeal
laryngectomie, laryngectomy
laryngite, laryngitis
laryngite striduleuse, laryngismus stridulus
laryngocèle, aerocele
laryngologie, laryngology
laryngopharynx, laryngopharynx
laryngoscope, laryngoscope
laryngospasme, laryngospasm
laryngosténose, laryngostenosis
laryngotomie, laryngotomy
laryngotrachéobronchite, laryngotracheobronchitis
larynx, larynx
laser, laser
lassitude, lassitude
latence, lag
latent, latent
latéral, lateral
latéralité croisée, crossed laterality
lavage, lavage, washing
lavage gastrique, gastric lavage
lavement, enema
lavement baryté, barium enema
laxatif, aperient, laxative
laxité, laxity, looseness
LCR (liquide céphalorachidien), CSF
lécithine, lecithin
léger, light
leishmaniose, leishmaniasis
lent, dull, slow
lenticulaire, lenticular
lentigo, lentigo
lentille, lens
lentille de contact, contact lens
lèpre, leprosy
léprome, leproma
leptoméningite, leptomeningitis
leptospirose, leptospirosis
lesbienne, lesbian
lésion, lesion, sore, injury, damage
lésion par souffle, blast injury

létal, lethal
léthargie, lethargy
leucémie, leukemia
leucémie lymphoïde, lymphatic leukemia
leucine, leukine
leucinose, maple syrup urine disease
leucocyte, leukocyte
leucocythémie, leukocythemia
leucocytose, leukocytosis
leucodermie, leukoderma
leucolyse, leukocytolysis
leuconychie, leukonychia
leucopénie, leukopenia
leucoplasie, leukoplasia
leucopoièse, leukopoiesis
leucorrhée, leukorrhea
lévocardie, sinistrocardia
lévorotation, sinistrotorsion
lèvre, labium, lip
lévulose, levulose
levure, yeast
liaison, binding, bond, linkage, linking
liaison simple, single bond
libération, release
liberté, patency
libido, libido
libre, free
lichen, lichen
lichénification, lichenification
lié, bound
lié au sexe, sex-linked
lieu, site, locus
ligament, ligament
ligament de Chopart, bifurcated ligament
ligament de Cooper, pectineal ligament
ligament large de l'utérus, broad ligament
ligament rond, cardinal ligament, round ligament
ligature, ligation, ligature
ligne, line, linea

ligne bleue gingivale, blue line
ligne bordante pleurale, pleural thickening
ligneux, wooden
liminaire, liminal
limitation des naissances, birth control
limite, borderline
lingual, glossal, lingual
liniment, liniment
linite plastique, linitis plastica
lipase, lipase
lipémie, lipemia
lipide, lipid
lipo-atrophie, lipoatrophy
lipochondrodystrophie, lipochondrodystrophy
lipodystrophie, lipodystrophy
lipoïdique, lipoid
lipoïdose, lipoidosis
lipolyse, lipolysis
lipome, lipoma
lipoprotéine, lipoprotein
liposoluble, fat-soluble
liquide, fluid, liquor
liquide amniotique, amniotic fluid
liquide céphalorachidien (LCR), cerebrospinal fluid (CSF)
liquide intra-oculaire, intraocular fluid
liquide synovial, synovial fluid
liste, list
lit, bed
lithagogue, lithagogue
lithiase, lithiasis
lithiase rénale, nephrolithiasis, renal calculus
litholapaxie, litholapaxy
lithotomie, lithotomy
lithotriteur, lithotritor
lithotritie, lithotrity
litre, liter
livide, livid
lobaire, lobar
lobe, lobe

lobectomie, lobectomy
lobotomie cérébrale, leukotomy
lobule, lobule
local, local
localisaion, location
localisé, localized
lochies, lochia
loculaire, loculated
logiciel, software
loi, law
loi du tout ou rien, all-or-none law
loin, far
lombaire, lumbar
lombalgies basses, low back pain
lombe, loin
long, long
longueur d'onde, wavelength
longévité, longevity
lordose, lordosis
lotion, lotion
loupe, wen
lourd, heavy
lubrifiant, lubricant
lucide, lucid
luette, uvula
lumbago, lumbago
lumière, light, lumen
lunettes, glasses
lunettes correctrices bifocades, bifocal spectacles
lunule, lunula

lupus érythémateux, lupus erythematosus
luxation, dislocation, luxation
lymphadénite, lymphadenitis
lymphangiectasie, lymphangiectasis
lymphangiome, lymphangioma
lymphangioplastie, lymphangioplasty
lymphangite, lymphangitis
lymphatique, lymphatic
lymphe, lymph
lymphocyte, lymphocyte
lymphocythémie, lymphocytemia
lymphocytose, lymphocytosis
lymphogranulome, lymphogranuloma
lymphographie, lymphogram
lymphoïde, lymphoïd
lymphome, lymphoma
lymphopénie, lymphocytopenia
lymphoréticulose bénigne d'inoculation, cat scratch fever
lymphosarcome, lymphosarcoma
lyophilisation, freeze-drying
lyse, lysis
lysine, lysine
lysosomial, lysosomal
lysotypie, phage typing
lysozyme, lysozyme
lytique, lytic

M

macération, maceration
mâchoire, jaw
macrocéphale, macrocephalus
macrochéilie, macrocheilia
macrocytaire, macrocytic
macrocyte, macrocyte
macrodactylie, macrodactyly
macroglobulinémie, macroglobulinemia
macroglossie, macroglossia
macrolides, macrolides
macromastie, macromastia
macromélie, macromelia
macromolécule, macromolecule
macrophage, macrophage
macroscopique, gross, macroscopic
macrostomie, macrostomia
macule, macula
maculopapulaire, maculopapular
magnétisme, mesmerism
maigre, lean
maigreur, macies, thinness
main, hand, manus
main en griffe, clawhand
mal, sickness
mal des montagnes, altitude sickness, mountain sickness
mal des transports, motion sickness
malacie, malacia
malade, ill, sick
malade ambulatoire, outpatient
maladie, disease, illnecs, morbus
maladie autoimmune, autoimmune disease

maladie d'Albers-Schönberg, marble bone disease
maladie de Basedow, Grave's disease
maladie des caissons, bends, caisson disease, decompression sickness, diver's paralysis
maladie de carence, deficiency disease
maladie de Charcot-Marie, peroneal atrophy
maladie de Crohn, regional enteritis
maladie de Dejerine-Sottas, progressive hypertrophic neuropathy
maladie de Hashimoto, lymphadenoid goitre
maladie de Ledderhose, plantar fibromatosis
maladie des légionnaires, legionnaires' disease
maladie de Minkowski-Chauffard, spherocytosis
maladie de Parkinson, paralysis agitans
maladie de Steele-Richardson, progressive supranuclear palsy
maladie de Steinert, myotony dystrophica
maladie de Vaquez, polycythemia vera
maladie du sommeil, sleeping sickness
maladie infectieuse, infectious disease
maladie périodique, periodic syndrome
maladie professionnelle, industrial disease, occupational disease
maladie sexuellement transmissible (MST), sexually transmitted disease
maladie transmissible, communicable disease

maladies vénériennes, venereal diseases
malaire, malar
malaise, malaise
malaria, malaria
mâle, male
malformation, malformation
malin, malignant
malléole, malleolus
malnutrition, malnutrition
malposition, malposition
maltase, maltase
maltose, maltose
mamelon, nipple, mamilla, teat
mammaire, mammary
mammographie, mammography
mammoplastie, mammaplasty
manche, manubrium, handle
manchon, cuff
mandibulaire, gnathic
manie, mania
maniérisme, mannerism
manipulation, handling, manipulation
manœuvre de Valsalva, Valsalva's experiment
manomètre, manometer
manque, lack
manubrium sternal, manubrium sterni
manuel, manual
marasme, marasmus
marche, walk, step
marge, marging
marijuana, marihuana
marquage, labeling
marque, mark
marqueur, marker, tracer
marsupialisation, marsupialization
marteau, malleus
martelage, pounding
masochisme, masochism
masque, mask
masque de grossesse, chloasma gravidarum

massage, massage
masse, mass
masséter, masseter
mastectomie, mastectomy
mastication, mastication
mastite, mastitis
mastocyte, mast cell
mastodynie, mastodynia
mastoïde, mastoid
mastoïdectomie, mastoidectomy
mastoïdite, mastoiditis
masturbation, masturbation, autoeroticism
matériel, stuff, matter, material
matière médicale, materia medica
matrice, matrix
maturation, maturation
maxillaire, jaw bone, maxillary
maxillaire inférieur, mandible
maxillaire supérieur, maxilla
maximal, maximal
méat, meatus
mécanique, mechanics
mèche, drain
méconium, meconium
médecin, physician
médecine, medicine
médecine alternative (douce), alternative medicine
médecine légale, forensic medicine, medical jurisprudence
medecine périnatale, perinatalogy
média, media
médian, medial, median
médiane de survie, median survival
médianoscopie, medianoscopy
médiastin, mediastinum
médicament, drug, medicament
médication, medication
médicinal, medicinal
médicochirurgical, medicosurgical
médullaire, medullary
médulloblastome, medulloblastoma

médullosurrénale, adrenal medulla

mégacaryocyte, megakaryocyte

mégacéphalie, megacephaly

mégacôlon, megacolon

mégaloblaste, megaloblast

mégalomanie, megalomania

méiose, meiosis

mélancolie, melancholia

mélancolie d'involution, involutional melancholia

mélange, mixture

mélanine, melanin

mélanique, melanotic

mélanome, melanoma

mélanose, melanosis

mélasse, molasses

méléna, melena

membrane, membrane, layer

membrane cellulaire, cell membrane

membrane du tympan, myringa

membrane hyaloïde du corps vitré, hyaloid membrane

membre, limb

membre fantôme, phantom limb

membres inférieurs, lower limbs

ménarche, menarche

méninges, meninges

méningé, meningeal

méningiome, meningioma

méningisme, meningism

méningite, meningitis

méningocèle, meningocele

méningococcémie, spotted fever

méningo-encéphalocèle, meningoencephalocele

méniscectomie, meniscectomy

ménisque, meniscus

ménopause, menopause

ménorragie, menorrhagia

menstruation, menstruation

mental, mental

menton, chin

menton fuyant, à, mentoposterior

menton proéminent, à, mentoanterior

mer, sea

mère, mother

mésartérite, mesarteritis

mésencéphale, midbrain, mesencephalon

mésenchyme, mesenchyme

mésentère, mesentery

mésentérique, mesenteric

méso-appendice, mesoappendix

mésocôlon, mesocolon

mésoderme, mesoderm

mésonéphrome, mesonephroma

mésosalpinx, mesosalpinx

mésothéliome, mesothelioma

mésothélium, mesothelium

mésovarium, mesovarium

mesure, measure

métabolique, metabolic

métabolisme, metabolism

métabolisme basal, basal metabolic rate

métacarpe, metacarpus

métacarpien, metacarpal

métacarpophalangien, metacarpophalangeal

métal, metal

métamorphose, metamorphosis

métaphore, metaphore

métaphyse, metaphysis

métaplasie, metaplasia

métastase, metastasis

métatarsalgie, metatarsalgia

métatarsien, metatarsal

météorisme, meteorism

méthémoglobine, methemoglobin

méthionine, méthionine

méthode à l'insu, blind test

mètre, meter

métrite, metritis

métrorragie, metrorrhagia

microbe, microbe

microbiologie, microbiology

microcéphale, microcephalic

microchirurgie, microsurgery
microcyte, microcyte
microcytémie, microcythemia
microglie, microglia
micrognathie, micrognathia
microgramme, μg, microgram
micromètre, μm, micrometer
microorganisme, microorganism
microphtalmie, microphthalmos
microscope, microcospe
microscope à balayage, scanning microscope
microscope à contraste de phase, phase-contrast microscope
microscopie électronique, electron microscopy
microsome, microsome
microtome, microtome
miction, micturition, emiction, urination
miel, honey, mel
migraine, migraine
miliaire, miliaria, miliary
milieu, middle, medium, media
milieu de culture, culture medium
milium, milium
millicurie, mCi, millicurie
milligramme, mg, milligram
millilitre, ml, milliliter
millimètre, mm, millimeter
mince, thin
minéral, mineral
mise au point, adjustment, focusing
mise en évidence, determination, evidence
mise en nourrice, fostering
mitochondries, mitochondria
mitose, mitosis, karyokinesis
mobile, mobile
modelage, molding
modèle, pattern
modification, change
moelle, marrow, medulla
moelle épinière, spinal cord

moelle osseuse, bone marrow
moignon, stump
moindre, lesser
moisissure, mould
molaires, molar teeth
molalité, molality
molarité, molarity
môle, mole
môle hydatiforme, hydatiform mole, trophoblastic disease
molécule, molecule
mollet, calf
molluscum, molluscum
mongolisme, mongolism, Down's syndrome
monoblaste, promonocyte
monoclonal, monoclonal
monocyte, monocyte
monocytose, monocytosis
monographie, monograph
mononévrite, mononeuritis
mononucléaire, mononuclear
mononucléose, mononucleosis
mononucléose infectieuse, glandular fever
monoplégie, monoplegia
monorchide, monorchid
monosaccharide, monosaccharide
mont de Vénus, mons pubis
morbide, morbid
morgue, morgue, mortuary
moribond, moribund
morphine, morphine
morphologie, morphology
morsure, bite
mort, death, dead
mort cérébrale, brain death
mort-né, dead birth
mort subite du nouveau-né, cot death
mortalité, mortality
mortel, fatal, killing
mortinatalité, still birth rate
morula, morula
morve, glanders
mosaïque, mosaic

moteur, motor
motilité, motility
mot, word
mouche, fly
mouche tsé-tsé, tsetse fly
mouillable, wetable
mouillant, wetting
mouillé, wet
moule, cast
mourant, dying
mourir, die
mousse, foam
mouvement, motion, movement
moyen, mean, measure
moyenne, average
MST, VD
mucilage, mucilage
mucine, mucin
mucocèle, mucocele
mucoïde, mucoid
mucopurulent, mucopurulent
mucoviscidose, cystic fibrosis, fibrocystic disease, mucoviscidosis
mucus, mucus
mue, shedding
muet, dumb, mute
muguet, thrush, trush
multigeste, multigravida
multiloculaire, multilocular
multipare, multipara
multiple, multiple
muqueuse, mucosa, mucous membrane
mûr, mature
murmure, murmur
muscle, muscle
muscle couturier, sartorius muscle
muscle de l'étrier, stapedius muscle
muscle de la loge postérieure de la cuisse ou de la jambe, harmstring
muscle demi-membraneux, semimembranosus muscle

muscle fessier, gluteus muscle
muscle grand droit, rectus abdominis muscle
muscle grand rond, teres major muscle
muscle jumeau, gemelli muscles
muscle jumeau de la jambe, gastrocnemius muscle
muscle péristaphylin interne, levator palati muscle
muscle soléaire, soleus muscle
muscle sternocléido-mastoïdien, sternomastoid muscle
mutagène, mutagen
mutant, mutant
mutation, mutation
mutilation, mutilation
mutisme, mutism
myalgie, myalgia
myasthénie, myasthenia
mycélium, mycelium
mycétome, mycetoma
mycose, mycosis
mycotoxine, mycotoxin
mydriase, mydriasis
mydriatique, mydriatic
myéline, myelin
myélite, myelitis
myélocyte, myelocyte
myélogramme, myelogram
myéloïde, myeloid
myélomatose, myelomatosis
myélome, myeloma
myéloméningocèle, myelocele
myélopathie, myelopathy
myélosclérose, myelosclerosis
myocarde, myocardium
myocardique, myocardial
myocardite, myocarditis
myofibrille, myofibril
myogène, myogenic
myoglobine, myoglobin
myome, myoma
myomectomie, myomectomy
myomètre, myometrium

myopathie, myopathy
myopathie oculaire, progressive ophthalmoplegia
myope, myope, short sighted
myopie, myopia
myosarcome, myosarcoma
myosine, myosin
myosis, miosis, myosis
myosite, myositis

myosite ossifiante, myositis ossificans
myotique, myotic
myotomie, myotomy
myotonie, myotony
myringoplastie, myringoplasty
myxœdème, myxedema
myxome, myxoma
myxosarcome, myxosarcoma

N

naevus, nevus
nain, dwarf, nanous
naissance, birth
naissant, incipient
nanisme, nanism
nanogramme ng, milligamma
narcissisme, narcissism
narcoanalyse, narcoanalysis
narcolepsie, narcolepsy
narcose, narcosis
narcotique, narcotic
narine, nostril, nares
nasal, nasal
nasolacrymal, nasolacrimal
nasopharynx, nasopharynx
natalité, natality
nausée, nausea
naviculaire, navicular
neuroleptique, neuroleptic
neurologie, neurology
neurologue, neurologist
neurone, neuron
neuropathique, neuropathic
neuroplastie, neuroplasty
neurorraphie, neurorrhaphy
neurosyphilis, neurosyphilis
neurotmésis, neurotmesis
neurotomie, neurotomy
neutre, neutral
neutropénie, neutropenia
neutrophile, neutrophil
né, born
nécropsie, necropsy
nécrose, necrosis
nécrosé, necrosed
nécrotique, necrotic
négatif, negative

négativisme, negativism
négligence, negligence
nématode, nematode, threadworm
néocortex, neocortex
néonatal, neonatal
néoplasme, neoplasm
néphélion, nebula
néphrectomie, nephrectomy
néphrite, nephritis
néphro-urétérectomie, nephro-ureterectomy
néphroblastome, nephroblastome
néphrocalcinose, nephrocalcinosis
néphrocapsulectomie, nephro-capsulectomy
néphrolithotomie, nephrolithotomy
néphrome, nephroma
néphron, nephron
néphropathie, renal disease
néphropexie, nephropexy
néphroptose, nephroptosis
néphrosclérose, nephrosclerosis
néphrose, nephrosis
néphrostomie, nephrostomy
néphrotique, nephrotic
néphrotomie, nephrotomy
nerf, nerve
nerf circonflexe, circumflex nerve
nerf cranien, cranial nerve
nerf crural, femoral nerve
nerf facial, facial nerve
nerf honteux interne, pudendal nerve
nerf moteur oculaire externe, abducens nerve
nerf moteur oculomoteur commun, oculomotor nerve
nerf pathétique, trochlear nerve
nerf pneumogastrique, vagus nerve
nerf rachidien, spinal nerves
nerf récurrent, recurrent laryngeal nerve

nerf saphène interne, saphenous nerve
nerf sensitif, sensory nerve
nerf splanchnique, splanchnic nerves
nerf trijumeau, trigeminal nerve
nerveux, nervous
neural, neural
neurapraxie, neurapraxia
neurasthénie, neurasthenia
neurilemme, neurilemma
neurinome, neurinoma
neuroblaste, neuroblast
neuroblastome, neuroblastoma
neurochirurgie, neurosurgery
neuro-épithélium, neuroepithelium
neurofibromatose, neurofibromatosis
neurofibrome, neurofibroma
névralgie, neuralgia
névralgie brachiale, brachial neuralgia
névralgie faciale, trigeminal neuralgia
névrectomie, neurectomy
névrite, neuritis
névrite optique, optic neuritis
névrodermite, neurodermatitis
nevroglie, glia, neuroglia
névrome, neuroma
névropathie, neuropathy
névrose, neurosis
névrose d'angoisse, anxiety neurosis
névrotique, névrosé, neurotic
nexus, tight junction
nez, nose
nidation, nidation
niveau, level
nocif, noxious
nocturne, nocturnal
nodosités d'Heberden, Heberden's nodes
nodule, nodule

nodule vocal, singer's node
nœud, node, knot
nœud de Keith et Flack, sinoatrial node
nœud sinusal stimulateur, pacemaker
noir, black
noirâtre, nigrescent
nombre, number
nombril, navel
non-utilisation, disuse
noradrénaline, norepinephrine
normal, normal
norme, standard
normoblaste, normoblast
normocyte, normocyte
nosologie, nosology
nosophobie, nosophobia
nourrisson, infant
nourriture, food
nouveau-né, newborn, neonate
noyau, nucleus, core
noyade, drowning
noyaux gris centraux, basal ganglia
nu, bare
nucléé, nucleated
nucléole, nucleolus
nucléoprotéine, nucleoprotein
nucléotide, nucleotid
nuisible, noxious
nuit, night
nullipare, nulllipara
numération, count
numération avec formule leucocytaire, differential blood count
nummulaire, nummulated
nuque, nape, nucha, neck
nutation, nutation
nutrition, nutrition
nymphomanie, nymphomania
nystagmus, nystagmus
nystagmus des houilleurs, miner's nystagmus

O

obésité, obesity, corpulence
objectif, objective
obsession, obsession
obstétral, obstetric
obstétricien, obstetrician
obstétrique, obstetrics, midwifery
obturateur, obturator
occipital, occipital
occiput, occiput
occlusion, occlusion
occlusion dentaire défectueuse, malocclusion
occlusion dentaire imparfaite, aclusion
occlusion intestinale, intestinal obstruction
oculaire, ocular
oculiste, oculist
oculogyre, oculogyric
ocytocine, oxytocin
ocytocique, oxytocic
odontalgie, odontalgia
odontoïde, odontoid
odontologie, odontology
odorat, smell
œdème, edema
œdème de Quincke, angioneurotic edema
œdème papillaire, papilledema
œil, eye
œsophage, esophagus, gullet
œsophagectomy, esophagectomy
œsophagien, esophageal
œsophagite, esophagitis
œsophagoscopie, esophagoscopy
œstrogène, estrogen
œuf, egg, ovum

ohm, ohm
oignon, bunion
olécrâne, olecranon
olfactif, olfactory
oligodendroglie, oligodendroglia
oligoélément, trace elements
oligohydramnios, oligohydramnios
oligoménorrhée, oligomenorrhea
oligospermie, oligospermia
oligotrophie, oligotrophia
oligurie, oliguria
ombilic, umbilicus
ombilical, umbilical
ombiliqué, umbilicated
ombre, shadow
omoplate, scapula
omphalite, omphalitis
omphalocèle, omphalocele
onction, inunction
onde, wave
ondulant, undulant
ongle, nail, unguis,
ongle incarné, ingrown nail, onychocryptosis
onguent, ointment, unguent
onychogryphose, onychogryphosis
onychomycose, onychomycosis
onyxis, onychia
oophorite, oophoritis
opacité, opacity
opaque, opaque
ophtalmie, ophthalmia
ophtalmique, ophthalmic
ophtalmologie, ophthalmology
ophtalmologiste, ophthalmologist
ophtalmoplégie, ophthalmoplegia
ophtalmoscope, ophthalmoscope
opiacé, opiate
opioïde, opioid
opisthotonos, opisthotonos
opium, opium
opportuniste, opportunistic
opposant, opponens
opsonine, opsonin

opticien, optician
optimal, optimum
optique, optic, optics
optométrie, optometry
or, gold
oral, oral
orbiculaire, orbicular
orbitaire, orbital
orbite, orbit
orchi-épididymite, epididymo-orchitis
orchidectomie, orchidectomy
orchidopexie, orchidopexy
orchiépididymite, orchiepididymitis
orchite, orchitis
ordinateur, computer
ordonnance, formula
ordre, order
oreille, ear
oreillette, atrium
oreillons, mumps
organe, organ
organe interne, viscus
organes génitaux, genitalia
organique, organic
organisme, organism, body
orgasme, orgasm
orgelet, sty, hordeolum
orientation, orientation,
orifice, orifice, foramen, ostium, hiatus
origine, origin
ornithose, ornithosis
oropharynx, oropharynx
orteil, toe
orteil en marteau, hammer toe
orteil hallux, hallux
orthèse, orthosis
orthodontie, orthodonctics
orthopédie, orthopedics
orthophoniste, speech therapist
orthostatique, orthostatic
os, bone, os
os cassant, brittle bones
os crochu du carpe, hamate bone

os frontal, frontal bone
os hyoïde, hyoid bone
os innominé, innominate bone
os malaire, jugal bone, zygomatic bone
os pisiforme, pisiform bone
os unciforme, hamate bone
oscillation, oscillation, swing
osmolalité, osmolality
osmole, osmole
osmose, osmosis
osselet, ossicle, ear bone
osseux, osseous
ossification, ossification
ostéite, osteitis
ostéo-arthropathie, osteoarthropathy
ostéo-arthrose, osteoarthrosis
ostéo-arthrotomie, ostéoarthrotomy
ostéo-cartilagineux, osteochondral
ostéoblaste, osteoblast
ostéochondrite, osteochondritis
ostéochondrome, osteochondroma
ostéoclasie, osteoclasis
ostéoclaste, osteoclast
ostéocyte, osteocyte
ostéodystrophie, osteodystrophy
ostéogenèse, osteogenesis
ostéolytique, osteolytic
ostéomalacie, osteomalacia
ostéomyélite, osteomyelitis
ostéopathie, osteopathy
ostéopétrose, osteopetrosis
ostéophyte, osteophyte
ostéoplastique, osteoplastic
ostéoporose, osteoporosis
ostéosarcome, osteosarcoma
ostéosclérose, osteosclerosis
ostéotome, osteotome
ostéotomie, osteotomy
otalgie, otalgia, ear ache
otite, otitis
otite généralisée, panotitis

otite muqueuse à tympan fermé, glue ear
otolithe, otolith
otologie, otology
otomycose, otomycosis
otorhinolaryngologie, otorhinolaryngology
otosclérose, otosclerosis,
otoscope, otoscope, auriscope
ototoxique, ototoxic
ouranite, uvulitis
ouraque, wachal fold
ouvert, open, patulous
ouverture, opening
ouvre-bouche, gag
ovaire, ovary, oophoron
ovariectomie, ovariectomy, oophorectomy
ovario-salpingectomie, oophorosalpingectomy

ovariotomie, ovariotomy
ovarite, ovaritis
oviducte, oviduct
ovocyte, oocyte
ovogenèse, oogenesis
ovulation, ovulation
ovule, ovule
oxalurie, oxaluria
oxycarbonisme, carbon monoxide poisoning
oxycéphalie, oxycephaly
oxydation, oxidation
oxygénation, oxygenation
oxygène, oxygen
oxyhémoglobine, oxyhemoglobin
oxymètre, oximeter
oxyure, pinworm
oxyurose, enterobiasis, oxyuriase
ozène, ozena
ozone, ozone

P

pachydermie, pachydermia
pachyméningite, pachymeningitis
palais, palate
pâleur, pallor
palliatif, palliative
pallidectomie, pallidectomy
pallidum, globus pallidus
palmaire, palmar
palpation, palpation
palpitation, palpitation, flutter
paludisme, paludism
panacée, panacea
panarthrite, panarthritis
pancardite, pancarditis
pancréas, pancreas
pancréatectomie, pancreatectomy
pancréatine, pancreatin
pancréatite, pancreatitis
pancréozymine, pancreozymine
pandémique, pandemic
panhypopituitarisme, panhypopituitarism
pannus, pannus
panophtalmie, panophthalmia
pansement, dressing
pansement occclusif, occlusive dressing
papille, papilla
papille optique, optic disk
papillite, papillitis
papillome, papilloma
papule, papule
papule œdémateuse, wheal
paquet, package
paracentèse, paracentesis
paracentèse tympanique, myringotomy

paracousie, paracusia
paragrippal, parainfluenza
paralysie, palsy, paralysis
paralysie bulbaire, bulbar palsy
paralysie des béquillards, crutch paralysis
paralysie de plexus solaire, abepithymia
paralysie diaphragmatique, phrenoplegia
paralysie du voile du palais, palatoplegia
paralysie faciale, facial paralysis
paralysie pseudobulbaire, pseudobulbar palsy
paralytique, paralytic
paramédian, paramedian
paramédical, paramedical
paramètre, parametrium
paramétrite, parametritis
paramnésie, paramnesia
paranasal, paranasal
paranoïa, paranoia
paranoïde, paranoid
paraphimosis, paraphimosis
paraplégie, paraplegia
pararectal, pararectal
parasite, parasite
parasiticide, parasiticide
parasympathique, parasympathic
parathormone, parathormone
parathyroïde, parathyroid
paratyphoïde, paratyphoid
paravertébral, paravertebral
parenchyme, parenchyma
parentéral, parenteral
parent, kin
parésie, paresis
paresthésie, paresthesia
pariétal, parietal
parité, parity
parodontopathie, periodontal disease
parois, wall, parietes
paroi cellulaire, cell wall
paronychie, paronychia

parosmie, parosmia
parotide, parotid
parotidite, parotiditis
paroxysme, paroxysm
paroxystique, paroxysmal
parthénogenèse, parthenogenesis
particule, particle
parturition, parturition
pas, step
passage à l'acte, acting out
passif, passive
pasteurisation, pasteurization
patellectomie, patellectomy
pathogène, pathogenic
pathogénie, pathogenesis
pathognomonique, pathognomonic
pathophobie, pathophobia
paume, palm
paupière, eyelid, lid, palpebra
pavillon de l'oreille, auricle
peau, skin
pectine, pectin
pectoral, pectoral
pédiatre, pediatrician
pédiatrie, pediatrics
pédicule, pedicle
pédiculé, pediculated
pédiculose, pediculosis
pédicure, chiropodist
pédoncule, peduncle
pédoncule cérebelleux, brachium
pellagre, pellagra
pellicule, dandruff, pellicle
pelvien, pelvic
pelvimétrie, pelvimetry
pemphigus, pemphigus
pendant, pendulous
pendulaire, pendular
pénétration, penetration
pénicilline, penicillin
pénis, penis
pensée, mind, thought, cerebration
pentose, pentose
pentosurie, pentosuria
pepsine, pepsin

peptide, peptide
peptique, peptic
perceptible, sensible
perception, perception
percussion, percussion
percussions thoraciques, clapping
perforation, perforation
perfusion, infusion, perfusion
perfusion intraveineuse, intravenous infusion
périamygdalien, peritonsillar
periartérite noueuse, periarteritis nodosa, polyarteritis nodosa
périarthrite, periarthritis
péricarde, pericardium
péricardique, pericardial
péricardite, pericarditis
périchondre, perichondrium
périchondrite, perichondritis
péricolite, pericolitis
périlymphe, perilymph
périmé, outdated
périmètre, perimeter
périnéal, perineal
périnée, perineum
périnéorraphie, perineorraphy
périnéphrétique, perinephric
périnèvre, perineurium
période, period, half-life
période prodromique, prodromal period
période réfractaire, refractory phase
périoste, periosteum
périostique, periosteal
périostite, periostitis
périphérique, peripheral
périrectite, periproctitis
péristaltisme, peristalsis
péritoine, peritoneum
péritomie, peritomy
péritonéal, peritoneal
péritonite, peritonitis
périurétral, periurethral
perle, bead

perméabilité du foramen ovale, patent foramen ovale
pernicieux, pernicious
péroné, fibula, calf bone
persévération, perseveration
persistance du canal artériel, persistent ductus arteriosus
persistant, nagging
personnalité, personality
personne âgée, elderly
personnel d'encadrement, staff
perspicacité, insight
perspiration, perspiration
perte, loss
perturbation, disturbance
pessaire, pessary
peste, plague
peste bubonique, bubonic plague
pétéchie, petechia
petit, small
petite enfance, infancy
petit juif, funnybone
petites lèvres, labia minora
pétreux, petrous
pétrissage, petrissage
pH, pH
phagocyte, phagocyte
phagocytose, phagocytosis
phalange, phalange
phanère, integument
pharmacien, pharmacist
pharmacie, pharmacy
pharmacocinétique, pharmacokinetics
pharmacogénétique, pharmacogenetics
pharmacologie, pharmacology
pharyngectomie, pharyngectomy
pharyngé, pharyngeal
pharyngite, pharyngitis
pharyngolaryngectomie, pharyngolaryngectomy
pharyngoplastie, pharyngoplasty
pharyngotomie, pharyngotomy
pharynx, pharynx

phénomènes cadavériques, postmortem changes
phénotype, phenotype
phénylcétonurie, phenylketonuria
phimosis, phimosis
phlébectomie, phlebectomy
phlébite, phlebitis
phlébographie, venography
phlegmatia, phlegmasia
phlycténulaire, phlyctenular
phobie, phobia
phonation, phonation
phoniatrie, phoniatrics
phonocardiogramme, phonocardiogram
phonocardiographe, phonocardiograph
phosphatase acide, acid-phosphatase
phosphate, phosphate
phosphaturie, phosphaturia
phospholipide, phospholipid
phosphonécrose, phosphonecrosis
photobiologie, photobiology
photochimiothérapie, photochimiotherapy
photomètre de flamme, flame photometer
photophobie, photophobia
photosensibilisation, photosensitization
phrénicectomie, phrenicectomy
phrénique, phrenic
phrynodermie, follicular keratosis
physicien, physicist
physiologie, physiology
physiothérapie, physiatrics
pian, yaws, framboesia
pic, peak
pica, pica
pie-mère, pia mater
pied, foot, pes
pied bot, clubfoot, talipes, clawfoot
pied bot talus, talipes calcaneus
pied bot varus, pigeon toe

pied bot varus équin, talipes equinus
pied creux, pes cavus
pied d'athlète, athlete's foot
pied plat, flatfoot, pes valgus
pied rond, sag foot
pied tombant, foot-drop
piégeage, trapping
pigment, pigment
pigmentation anormale, chromatosis
pigment biliaire, bile pigment
pillule, pill
pince, clip, forceps
pinceau, brush
pinguécula, pinguecula
pinocytose, pinocytosis
pipette, pipet
piqûre, bite
pityriasis rosé de Gibert, pityriasis rosea
place, locus
placebo, placebo
placenta, placenta
placenta praevia, placenta praevia
plagiocéphalie, plagiocephaly
plaie, sore, wound
plainte, complaint
planche anatomique, anatomical chart
plancher, floor
plannification, planning
planification familiale, family planning
plantaire, plantar
plante du pied, sole
plaque motrice, motor end plate
plaquette, platelet
plaquettes sanguines, blood platelets
plasma, plasma
plasmaphérèse, plasmapheresis, plasma exchange
plasmocyte, plasma cell
plasmocytose, plasmacytosis

plâtre, plaster, cast
plein, full
pléomorphisme, pleomorphism
pléthore, plethora
pléthysmographe, plethysmograph
pleur, cry
pleurésie, pleural effusion, pleurisy
plèvre, pleura
plexus, plexus
plexus brachial, brachial plexus
plexus honteux, pudendal plexus
plexus solaire, solar plexus
plicature, plica
plomb, lead
plongée, diving
plus grand que la normale, justo-major
pneumatocèle, pneumatocele
pneumaturie, pneumaturia
pneumoconiose, pneumoconosis
pneumocoque, pneumococcus
pneumonectomie, pneumonectomy
pneumonie, pneumonia
pneumopathie, pneumopathy
pneumopéritoine, pneumoperitoneum
pneumothorax, pneumothorax
poche pharyngée, pharyngeal pouch
poids, weight
poigne, grip
poignet, wrist
poïkilocytose, poikilocytosis
poil, hair
point, point, dot
point de pression, pressor point
pointe du cœur, apex of heart
poison, poison
polioencéphalite, polioencephalitis
poliomyélite, poliomyelitis
pollution, pollution

polyarthrite, polyarthritis
polyarthrite rhumatoïde, rheumatoid arthritis
polychondrite, polychondritis
polydactylie, polydactyly
polydipsie, polydipsia
polyglobulie, polycythemia
polygone de sustentation, polygon of support
polykystique, polycystic
polyménorrhée, polymenorrhea, epimenorrhea
polymorphisme, polymorphism
polymyosite, polymyositis
polynévrite, polyneuropathy
polyopie, polyopia
polype, polypus
polypose, polyposis
polyradiculonévrite, polyneuritis
polysaccharide, polysaccharide
polytoxicomanie, multiple drug addiction
polyurie, polyuria
pommade, pomade, ointment
pomme d'Adam, Adam's apple
pompe, pump
ponction, puncture, tap
ponction cisternale, cisternal puncture
ponction lombaire, lumbar puncture
ponction-biopsie, needle biopsy
pontage, by-pass, shunt
poplité, popliteal
pore, pore
porphyrie, porphyria
porphyrine, porphyrin
portage, carriage
porte, gate, portal
porte-aiguille, needle-holder
portée, reach, scope
porteur, carrier
position, position
position genu-pectorale, genupectoral position, knee-elbow position

posologie, dosage, posology
post-abortum, postabortal
post-cure, after-care
postérieur, hind, posterior
postural, postural
potassium, kalium
potentiel d'action, action potential
potion, draught
pou, louse
pou du pubis, crab louse
pouce (2,54 cm), inch
pouce, thumb
pouls, pulse
pouls alternant, pulsus alternans
pouls bigéminé, bigeminal pulse
poumon, lung
poumon du fermier, farmer's lung
pourpre rétinien, rhodopsin
poussée, flare
poussière, dust
pratique, convenient
préauriculaire, preauricular
précancéreux, precancerous
précipité, deposit
précipitine, precipitin
précoce, early, precocious
précordialgie, precordialgia
précordium, precordium
préhension, grasping
prélèvement de moelle osseuse, bone marrow puncture
prématuré, premature
prématurité, prematurity
prémenstruel, premenstrual
prémolaire, premolar
prénatal, antenatal, prenatal
préparation des médicaments, dispensing
prépuce, prepuce, foreskin
presbyacousie, presbycusia
presbyophrénie, presbyophrenia
presbyte, longsighted
presbytie, presbyopia

prescription, prescription
présentation, presentation, display
présentation de la face, face presentation
présentation frontale, brow presentation
présentation vicieuse, malpresentation
préservatif, contraceptive
pression, pressure
pression artérielle ou sanguine, blood pressure
pression osmotique, osmotic pressure
présystole, presystole
preuve, evidence
priapisme, priapism
primaire, primary
primipare, primipara
principal, main
prise de conscience, awareness
privation, deprivation
procédé, process
proche, close, near
procidence, prolapse
proctalgie, proctalgia
proctectomie, proctectomy
proctocèle, proctocele
proctoscopie, proctoscopy
procubitus, prone, ventral decubitus
proenzyme, zymogen
profond, deep
profondeur, depth
progérie, progeria
progestérone, progesterone
proglottis, proglottis
projection, projection
prolactine, prolactine, lactogenic hormone
prolapsus, procidentia, prolapse
promontoire, promontory
pronation, pronation
pronostic, prognosis, outlook
propagation, spread

prophylaxie, prophylaxis
propre, clean
propriocepteur, proprioceptor
prostacycline, prostacyclin
prostaglandine, prostaglandin
prostate, prostate
prostatectomie, prostatectomy
prostration, prostration
protéine, protein
protéinurie, proteinuria
protéolyse, proteolysis
prothèse, prosthesis
prothrombine, prothrombin
protoplasme, protoplasm
prototype, prototype
protoxyde d'azote, nitrous oxide, laughing gas
protozoaire, protozoa
protrusion oculaire, proptosis oculi
protubérance annulaire, pons
protubérantiel, pontine
provitamine, provitamin
proximal, proximal
prurigo, prurigo
prurit, itching, pruritus
pseudarthrose, pseudarthrosis
pseudopode, pseudopod
psittacose, psittacosis
psoïtis, psoitis
psoriasis, psoriasis
psorique, scabietic
psychasthénie, psychasthenia
psychiatrie, psychiatry
psychodépendance, psychological dependance
psychogène, psychogenic
psychologie, psychology
psychologue, psychologist
psychonévrose, psychoneurosis
psychopathe, psychopath
psychopathologie, psychopathology
psychose, psychosis
psychose maniacodépressive, maniac-depressive psychosis

psychose puerpérale, postpartum psychosis
psychosomatique, psychosomatic
psychothérapie, psychotherapy
ptérigion, pterigium
ptose, ptosis
ptyaline, ptyalin
ptyalisme, ptyalism
puanteur, fetor
pubère, mature
puberté, puberty
pubis, pubis
puce, flea
puerpéral, puerperal
puerpéralité, puerperium
puissance, power, potency
pulmonaire, pulmonary
pulpe, pulp
pulpite, pulpitis
pulsation, pulsation, beat
pulsatile, throbbing
pulsation défectueuse, acrotism
pulsion, drive
pulvérisation, spray
punaise de lit, bed bug
pupille, pupil
purpura, purpura
purpura rhumatoïde, Henoch's purpura

purpura thrombocytopénique, immune thrombocytopenic purpura
purulent, purulent
pustule, pock
pus, pus
pustule, pustule, bleb
putréfaction, putrefaction
pycnique, pyknic
pycnose, pyknosis
pyélite, pyelitis
pyélographie, pyelography
pyélolithotomie, pyelolithotomy
pylore, pylorus
pylorique, pyloric
pyloroplastie, pyloroplasty
pyodermite, pyoderma
pyogène, pyogenic
pyométrie, pyometra
pyonéphrose, pyonephrosis
pyorrhée, pyorrhea
pyosalpinx, pyosalpinx
pyramidal, pyramidal
pyramide, pyramide
pyridoxine, pyridoxin
pyrogène, pyrogen
pyrosis, pyrosis
pyurie, pyuria

Q

quadriceps, quadriceps

quarantaine, quarantine
quérulence, querulousness
queue, tail
queue de cheval, cauda equina
quinquinisme, cinchonism
quinte de toux, fit of coughing
quotidien, daily
quotient, quotient
quotient intellectuel, intelligence quotient

R

racémeux, racemose
rachitisme, rickets
rachitisme vitaminorésistant, resistant rickets
racine, root, radix
racine antérieure, anterior root
racine dorsale, dorsal root
radial, radial
radiation, radiation
radiation ionisante, ionizing radiation
radical, radical
radicotomie, rhizotomy
radiculite, radiculitis
radioactif, radioactive
radioactivité, radioactivity
radiobiologie, radiobiology
radiographie, radiography, X-ray
radiologie, radiology
radiologiste, radiologist
radiosensibilité, radiosensitivity
radiothérapie, radiotherapy
radium, radium
radius, radius
radon 219, actinon
rage, rabies
raide, stiff
raideur, stiffness
râle, rale
râles sous-crépitants, subcrepitant rales
rameau, ramus
rang, grade
raphé, raphe
rappel, recall
rapport, report, ratio, relation, connection, relationship

rapporter, mention
rare, sparse
raser, abrade
rash, rash
rate, spleen, lien
ration, intake
ration alimentaire, food intake
rationalisation, rationalization
rauque, raucous, hoarse
rayon, ray
rayon alpha, alpha ray
rayon gamma, gamma ray
rayonnnement, ray, radiation
rayonnement mou, soft radiation
rayons ultraviolets, ultraviolets rays
réactif, reagent
réaction, reaction
réaction médicamenteuse, drug reaction
réaction secondaire, side effect
réactivité, reactivity
réadaptation, rehabilitation
réanimation, intensive care
rebond, rebound
rebouteux, bone setter
récepteur, receptor
récessif, recessive
rechute, recurrence
rechute, relapse
recombinaison, recombination
reconnaissance, recognition
recrutement, recruitment
rectal, rectal
rectite, proctitis
rectocèle, rectocele
rectocolite hémorragique, ulcerative colitis
rectoscopie, rectoscopy
rectosigmoïdectomie, rectosigmoidectomy
rectum, rectum
réduction, reduction
rééducation, rehabilitation
réel, actual
référence, reference

réflexe, reflex
réflexe achilléen, ankle jerk, Achilles tendon reflex
réflexe bicipital, biceps reflex
réflexe conditionné, conditioned reflex
réflexe cornéen, corneal reflex
réflexe cutané abdominal, abdominal reflex
réflexe gastrocolique, gastrocolic reflex
réflexe myotatique, myotatic reflex, stretch reflex
réflexe rotulien, knee jerk
réflexe tendineux, jerk
réflexe tricipital, triceps reflex
réflexogramme achilléen, Achilles reflex time
reflux, reflux
refoulement, repression
réfraction, refraction
réfrigération, refrigeration
refroidissement, cooling
régime, diet, regimen
régime cétogène, ketogenic diet
région, area, region
règle, rule
règles, menses
régression, regression
régulation, regulation, control
régurgitation, regurgitation
rein, kidney
rein en fer à cheval, horseshoe kidney
rejet, rejection
relâchement, looseness
relation, relationship, intercourse
relaxine, relaxin,
rémission, remission
remplacement, replacement
remplissage, filling
rendement, output, yield, efficiency
rénine, renin
répandu, widespread
réparation, repair

répartition, distribution, array
repas, meal
repas baryté, barium meal
repas d'épreuve, meal test
répétition, repeat
réplétion, repletion
repli, fold
réplication, replication
réponse, response
réponse immunologique, immune response
repos, rest
reproduction, reproduction
répulsif, repellent
réseau, rete, network, lattice
résecteur, resectoscope
résection, resection
réserve, store
réserve alcaline, alkali reserve
résidu vésical, residual urine
résine de gaiac, guaiacum
résine échangeuse d'ions, ion exchange resin
résine échangeuse de cations, cation exchange resin
résistance, resistance
résistance croisée, cross-resistance
résolution, resolution
résonance, resonance
résonance magnétique nucléaire, nuclear magnetic resonance
respirateur, respirator
respiration, respiration, breath, breathing
respiratoire, respiratory
responsable, responsible
ressource, resort
retard, delay, long-acting, lag
rétention, retention
réticulo-endothélial, reticuloendothelial
réticulocyte, reticulocyte
réticulocytose, reticulocytosis
réticulosarcome, reticulum cell sarcoma

réticulose, réticulosis
réticulum endoplasmique, endoplasmic reticulum
rétine, retina
rétinite, retinitis
rétinoblastome, retinoblastoma
rétinopathie, retinopathy
rétinopathie proliférante, proliferans retinitis
retombée radioactive, fallout
retour, return
retour de couches, resumption of menses
retour en arrière, kickback
rétraction, retraction
retrait, withdrawal
rétrécissement, shrinkage
rétrécissement aortique, aortic stenosis
rétrécissement mitral, mitral stenosis
rétrécissement pulmonaire, pulmonary stenosis
rétroaction, feedback
rétrodéviation de l'utérus, retroflexion of uterus
rétrograde, retrograde
rétropéritoneal, retroperitoneal
rétropharyngé, retropharyngeal
rétropulsion, retropulsion
rétroversion, retroversion
réunion, meeting
réussite, success
réveil, awakening
rêve, dream
revêtement, coat
revue, review
révulsion, counterirritation
rhagade, rhagade
rhinite, rhinitis

rhinopharyngien, nasopharyngeal
rhinoplastie, rhinoplasty
rhinorrhée, rhinorrhea
rhinoscopie, rhinoscopy
rhomboïde, rhomboid
rhumatisme, rheumatism
rhumatisme articulaire aigu, rheumatic fever
rhume, cold
rhume des foins, hay fever
ribonucléase, ribonuclease
rickettsie, rickettsia
rictus sardonique, risus sardonicus
rigidité, rigidity
rigidité cadavérique, rigor mortis
rigidité de décérébration, decerebrate rigidity
rire, laugh
risque, risk
RMN, NMR
roentgen, roentgen
ronchus, rhonchus
rond et lisse, teres
rongeur, rodent
roséole, roseola
rotation, rotation
rotule, patella, knee cap
rougeole, measles, morbilli
rougeur, flush
rubéfiant, rubefacient
rubéole, german measles, rubella
rugine, rugine
rugueux, rough
rupia, rupia
rupture, disruption, rupture
rythme, rhythm
rythme alpha, alpha wave

S

sac, bag, sac
saccharine, saccharin
saccoradiculographie, saccora-diculography
sacralisation, sacralization
sacré, sacral
sacrum, sacrum
sadisme, sadism
sage-femme, midwife
sagittal, sagittal
saignée, blood letting
sale, dirty
salidiurétique, saluretic
salivation, salivation
salive, saliva
salpingectomie, salpingectomy
salpingite, salpingitis
salpingographie, salpingography
salpingostomie, salpingostomy
sanatorium, sanatorium
sang, blood
sangsue, leech
sanieux, sanious
santé, health
saponification, saponify
saprophyte, saprophyte
sarcoïde, sarcoid
sarcoïdose, sarcoidosis
sarcolemme, sarcolemma
sarcome, sarcoma
satiété, satiety
saturation, saturation
saturnisme, lead poisoning, plumbism
saut, jump
sauvetage, rescue
savon, soap

scalp, scalp
scalpel, scalpel
scaphocéphalie, scaphocephaly
scaphoïde, navicular bone
scaphoïde carpien, scaphoid bone
scaphoïdite tarsienne, Köhler's disease
scapulalgie, scapulalgia
scarification, scarification
scarlatine, scarlet fever
scellés, seals
schéma, outline, chart, design, schedule, pattern
schéma coporel, body image
Schistosoma, Bilharzia
schistosomiase, schistosomiasis
schizocyte, schistocyte
schizophrénie, schizophrenia
sciatique, sciatica
sciences physiques, physics science
scie, saw
science, science
scintigraphie, scintigraphy
scintillation, scintillation
scissiparité, binary fission
sclérite, scleritis
sclérodactylie, sclerodactylia
sclérodermie, sclerodermia
sclérodermie circonscrite, morphea, progressive systematic sclerosis
sclérose, sclerosis
sclérose en plaque, disseminated sclerosis, multiple sclerosis
sclérose latérale amyotrophique, amyotrophic lateral sclerosis
sclérose tubéreuse de Bourneville, tuberous sclerosis
sclérotique, sclera, sclerotic
sclérotiques bleues, blue sclera
sclérotomie, sclerotomy
scolex, scolex
scoliose, scoliosis

scorbut, scurvy
score, score
scotome, scotoma
scrotal, oscheal
scrotum, scrotum
scybales, scybalum
sebacé, sebaceous
séborrhée, seborrhea
sébum, sebum
sec, dry
secousse, concussion, jerk
secousse musculaire, twitch
secrétine, secretin
sécrétion, secretion
section, section, cutting
sécurité, reliability, safety,
sédatif, sedative, depressant
segment de Fowler, segmentum
   apicale
segmentaire, segmental
segmentation, cleavage
sein, breast
sel, salt
sélection, selection
selles, stools
selles noires, black stools
semi-lunaire, semilunar, lunate
   bone
séminome, seminoma
sénescence, senescence
sénile, senile
sénilité, senility
sens, sense
sensation, feeling, sensation
sensibilisation, sensitization
sensibilité, sensibility, sensitivity,
   susceptibility
sensible, responsive
septicémie, septicemia, pyemia
septique, septic
septum, septum
séquelle, sequela, after-effects
séquence, sequence
séquestre, sequestrum
séreux, serous
série, series, panel

sérié, serial
seringue, syringe
sérosité, serosity
sérothérapie, serotherapy
sérotonine, serotonin
serpigineux, serpiginous
sérum, serum
sérum antilymphocytaire, antilymphocyte serum
sérum salé physiologique, physiological saline
sessile, sessile
seuil, threshold
seuil rénal, renal threshold
seul, single
sévice, maltreatment, abuse
sevrage, weaning, withdrawal
sexe, sex
shunt, shunt
sialadénite, sialadenitis
sialagogue, sialogogue
sialolithe, sialolith
sialorrhée, polysialia
SIDA, Acquired Immune Deficiency Syndrome, AIDS
sidération médullaire, spinal
   shock
sidérose, siderosis
siège, breech
sieste, nap
sifflement, whistle
sigmoïde, sigmoid
sigmoïdoscopie, sigmoidoscopy
sigmoïdostomie, sigmoidostomy
signal, signal
signe, sign
signe de Koplik, Koplik's spot
signe du lacet, capillary fragility
   test
signes physiques, objective signs
silencieux, silent
silicose, silicosis
sillon, groove, sulcus
simulateur, simulator
simulation, simulation, malingering

sino-auriculaire, sinoatrial

sinus, sinus, antrum

sinus caverneux, cavernous sinus

sinus de la face, paranasal sinus

sinus frontal, frontal sinus

sinus pilonidal, pilonidal cyst

sinus sphénoïdal, sphenoidal sinus

sinusite, sinusitis

sinusoïdal, sinusoid

sirop, syrup

site, site

smegma, smegma

SNC (système nerveux central), CNS

sodoku, rat bite fever

soin, care

soin post-hospitalier, follow-up-care

sol, soil

soleil, sun

solide, solid, steady

solution, solution

solution salée, saline

solvant, solvent

somatique, somatic

sommeil, sleep

sommeil paradoxal, REM sleep

sommet, apex

somnambulisme, somnambulism

son, sound

sonde, probe

sonde naso-œsophagienne, nasogastric tube

soporifique, soporific

sort, fate

souche, strain, stem

souffle cardiaque, heart murmur

souffle de vie, breath of life

souffle tubaire, bronchial breathing

souffrance, distress

souffrir, suffer

soufre, sulfur

soulagement, relief

source, source

sourcil, eyebrow, supercilium

sourd-muet, deaf mute

sous-arachnoïdien, subarachnoid

sous-clavier, subclavian

sous-diaphragmatique, subphrenic

sous-dural, subdural

sous-jacent, subjacent

sous-liminaire, subliminal

sous-maxillaire, submaxillary

sous-muqueux, submucous

sous-unité, subunit

soutien, support

spasme, spasm

spasme carpopédal, carpopedal spasm

spasme du sanglot, breath-holding spell

spasmolytique, spasmolytic

spasticité, spasticity

spastique, spastic

spatule, spatula

spécifique, specific

spécimen, specimen

spectre, spectrum

spectre d'action, action spectrum

spectrométrie, spectrometry

spectroscope, spectroscope

spéculum, speculum

spermatocèle, spermatocele

spermatogénèse, spermatogenesis

spermatozoïde, spermatozoon, zoosperm

sperme, sperm, semen, seminal fluid

spermicide, spermicide

spermogramme, semen analysis

sphérocyte, spherocyte

sphincter, sphincter

sphinctérotomie, sphincterotomy

sphygmographe, sphygmograph

sphygmomanomètre, sphygmomanometer

spica, spica

spicule, spicule

spinal, spinal

spirographe, spirograph
spiromètre, spirometer
splénectomie, splenectomy
splénique, lienal
splénomégalie, splenomegaly
spondylarthrite ankylosante, ankylosing spondylitis
spondylite, spondylitis
spondylolisthésis, spondylolisthesis
spondylolyse, spondylolysis
spongiose, spongiosis
spontané, spontaneous
sporadique, sporadic
spore, spore
sporotrichose, sporotrichosis
sport, sport
squameux, squamous
squelette, skeleton
squirrhe, scirrhus
stade, stage
stade phallique, phallic phase
stapédectomie, stapedectomy
staphylome, staphyloma
staphylorraphie, staphylorrhaphy
stase, stasis
stéatome, steatoma
stéatorrhée, steatorrhea
stéatose, steatosis
sténose, stenosis, narrowing
stercobiline, stercobilin
stéréognosie, stereognosis
stérilet, intrauterine contraceptive device
stérile, sterile
stérilisation, sterilization
stérilité, infertility, sterility
stérilité féminine, acyesis
sternal, sternal
sternum, sternum
stéroïde, steroid
stéroïde anabolisant, anabolic steroid
stérol, sterol
stertor, stertor

stéthoscope, stethoscope
stigmate, stigma
stimulant, stimulant
stimulation, stimulation
stimulus, stimulus
stockage, storage
stomatite, stomatitis
stomatite aphteuse, aphtous stomatitis
strabisme, squint, strabismus
stratifié, stratified
stratum granulosum, granular layer
stress, stress
striction, stricture
stridor, stridor
strie, stria
strie Z, Z band
stroma, stroma
structure, structure
stupeur, stupor
stylet, stylet
subaigu, subacute
subit, sudden
subjectif, subjective
sublingual, sublingual
subnormal, subnormal
substance, substance, stuff, matter
substance grise, gray matter
substance lipotrope, lipotrophic substance
substrat, substrate
subtotal, subtotal
suc, juice
suc gastrique, gastric juice
successif, sequential
succion, sucking
succussion, succussion
sucre, sugar
sudamina, sudamina
sueur, sweat
suggestibilité, suggestibility
suicide, suicid
suintement, oozing
suivi, follow-up
sujet, subject

superfécondation, superfecundation

superficiel, superficial, acrotic

supérieur, superior

supination, supination

support, support

suppositoire, suppository

suppression, suppression

suppuration, suppuration, fester

sûr, saf, secure

suractivité, overactivity

sural, sural

suralimentation, overfeeding

surcompensation, overcompensation

surdité, deafness

surdosage, overdosage, surdose

surface, surface

surface corporelle, body surface

surfactant, surfactant

surrénal, adrenal

surrénalectomie, adrenalectomy

surveillance, monitoring

surveillance des convalescents, after care

survenue, occurence

survie, survival

susorbitaire, supraorbital

suspension, suspension

suspension d'activité, abeyance

suspubien, suprapubic

suture, stitch, suture

suture coronale, coronal suture

suture dentée, serrate suture

suture sagittale, sagittal suture

sycosis, sycosis, barber's rash

symbiose, symbiosis

symétrie, symmetry

sympathectomie, sympathectomy

symphyse, symphysis

symptomatologie, symptomatology

symptôme, symptom

symptôme révélateur, presenting symptom

synapse, synapse

synarthrose, synarthrosis

synchondrose, synchondrosis

synchronisation, synchronization

syncope, faint, syncope

syndactylie, syndactylie

syndrome, syndrome

syndrome carentiel des gastrectomisés, post-gastrectomy syndrome

syndrome d'Apert-Gallais, adrenogenital syndrome

syndrome d'écrasement, crush syndrome

syndrome de détresse respiratoire, respiratory distress syndrome

syndrome de l'anse borgne, blind loop syndrome

syndrome de la loge des péroniers, peroneal artery occlusive disease

syndrome de malabsorption, intestinal malabsorption

syndrome de Silverman, battered baby syndrome

syndrome du canal de Guyon, cubital tunnel external compression syndrome

syndrome du cimeterre, scimitar syndrome

syndrome du défilé costoclaviculaire, costoclavicular syndrome

syndrome du double Y, XYY genotype

syndrome du scalène antérieur, scalenus anticus syndrome

syndrome du vol de la sous-clavière, subclavian steal syndrome

synéchie, synechia

synergie, synergy

synovectomie, synovectomy, arthrectomy

synovite, synovitis

synthétique, synthetic
syphilide, syphilide
syphilis, syphilis, lues
syringomyélie, syringomyelia
système, system
système ABO, ABO system
système métrique, metric system
système nerveux autonome,
   autonomic nervous system

système nerveux central (SNC),
   central nervous system (CNS),
système nerveux sympathique,
   sympathetic nervous system
système réticulé, reticular formation
systémique, systemic
systole, systole
systolique, systolic

T

tabagisme, smoking
tabatière anatomique, anatomical snuff-box
tabès, tabes
table, table
tache, spot
tache aveugle, blind spot
tache de naissance, birth mark
tache de rousseur, freckle, ephelis
tacheture, mottling
tachycardie, tachycardia
tact, feeling
tactile, tactile
taille, waist, height, size, stature
talon, heel
tampon, buffer, tampon
tamponade, tamponade
tapis roulant, treadmill
tardif, late
tare, defect
tarsalgie, tarsalgia
tarse, tarsus
tarsectomie, tarsectomy
tarsien, tarsal
tarsoplastie, tarsoplasty
tarsorraphie, tarsorrhaphy
tartre, tartar
taux, rate
taux de croissance, growth rate
taux de masculinité, sex ratio
taux de natalité, birth rate
taxinomie, taxinomy
technique, technique
tégument, tegument, integument
teigne, tinea, ringworm
teinture, tincture

télangiectasie, telangiectasis
télémétrie, telemetry
télépathie, telepathy
télésystole, telesystole
témoin, control
tempe, temple
tempérament, temperament
température, temperature
temporal, temporal
temps, time
temps de saignement, bleeding time
temps réel, real time
tendance, trend, propensity
tendinite, tendinitis
tendon, tendon, sinew
ténesme, tenesmus
teneur, content
ténoplastie, tenoplasty
ténorraphie, tenorrhaphy
ténosynovite, tenosynovitis
ténotomie, tenotomy
tenseur, tensor
tensio-actif, tensioactive, surface active
tension, tension, pressure, voltage
tente, tent
tératogène, teratogen
tératome, teratoma
térébrant, terebrant
terme, à, full-term
terminaison, end, ending
terminaison d'un nerf afférent, end organ
terminologie, terminology
terre, earth
terreur nocturne, night terror
tertiaire, tertiary
test, test
test aux anticorps tréponémiques fluorescents, FTA-test
test de Coombs, antiglobulin test
test de fixation du complément, complement fixation test
test de tolérance au glucose, glucose tolerance test

test percutané, patch test
test T de Student, T test
testicule, testicle, testis
testostérone, testosterone
tétanie, tetany
tétanisation, tetanization
tétanos, tetanus
tête, head, caput
tétracycline, tetracycline
tétradactyle, tetradactylous
tétraplégie, tetraplegia, quadriplegia
thalamus, thalamus
thalassémie, thalassemia, Mediterranean anemia
thalassothérapie, thalassotherapy
thalidomide, thalidomide
thécome, thecoma
théorie, theory
thèque, theca
thérapeutique, therapeutics
thermographie, thermography
thermolabile, thermolabile
thermomètre, thermometer
thermophile, thermophilic
thermostat, thermostat
thiamine, thiamine
thoracique, thoracic
thoracocentèse, thoracocentesis
thoracoplastie, thoracoplasty
thoracoscopie, thoracoscopy
thoracotomie, thoracotomy
thorax, chest, thorax, breast, pectus
thorax en carène pigeon chest
thorax en entonnoir, funnel chest
thréonine, threonine
thrombectomie, thrombectomy
thrombine, thrombin
thromboangéite, thromboangiitis
thromboartérite, thromboarteritis
thrombocyte, thrombocyte

thrombocytopénie, thrombocytopenia, thrombopenia
thromboendartérectomie, thromboendarterectomy
thrombokinase, thrombokinase
thrombolytique, thrombolytic
thrombophlébite, phlebothrombosis, thrombophlebitis
thromboplastine, thromboplastin
thrombose, thrombosis
thrombus, thrombus
thymectomie, thymectomy
thymie, mood
thymine, thymine
thymocyte, thymocyte
thymome, thymoma
thymus, thymus
thyréotoxicose, thyrotoxicosis
thyroïde, thyroid
thyroïdectomie, thyroidectomy
thyroxine, thyroxine
tibia, tibia
tic, tic
tiède, tepid
tige, stem
tinea cruris, dhobi itch
tique, tick
tissu, tissue
tissu conjonctif lâche, areolar tissue
titrage, titration
titre, titre
tocographie, tocography
tocophérol, tocopherol
toile, tela
toit, tectum, roof
tolérance, tolerance
tomodensitométrie, computerized tomography
tomographie, tomography
ton, tone
tonique, tonic
tonomètre, tonometer
tonus, tone
tophus, tophus
topique, topical

topographie, topography
torpeur, torpor
torsade de pointes, wave burst arrhythmia
torse, torso
torsion, torsion
torticolis, wry-neck, torticollis
toucher, touch
tournesol, litmus
tourniole, run around
toux, cough
toxémie, toxemia
toxicologie, toxicology
toxicomane, addict,
toxicomanie, addiction, drug addiction
toxicomanie à la colle, glue sniffing
toxicose, toxicosis
toxidermie, drug eruption
toxine, toxin
toxique, toxic
toxoplasmose, toxoplasmosis
trabécule, trabecule
trabéculotomie, trabeculotomy
trachée, trachea, windpipe
trachéite, tracheitis
trachélorraphie, trachelorrhaphy
trachéobronchite, tracheobronchitis
trachéostomie, tracheostomy
trachéotomie, tracheotomy
trachome, trachoma
traction, traction
tractus, tract
tragus, tragus
trait, trait
traitement, therapy, management, treatment
trajet, course
tranchées utérines, after-pains
tranquillisant, tranquilizer
transabdominal, transabdominal
transaminase, transaminase
transe, trance
transfert, transference

transfusion, transfusion
transillumination, transillumination
transmigration, transmigration
transpéritoneal, transperitoneal
transplant, transplant
transplantation, grafting, transplantation
transposition, transposition
transudation, transudation
transverse, transverse
trapèze, trapezium, trapezius
trapézoïde, trapezoid
traumatisme, trauma
travail, labor
travestissement, transvestism
trématode, fluke, trematoda
tremblement, tremor
tremblement d'intention, action tremor, intention tremor
trépanation, trephining
triangle, trigone
triangle de Scarpa, femoral triangle
triceps, triceps
trichiasis, trichiasis
trichinose, trichinosis
trichobézoard, hair ball
trichocéphale, whipworm
trigone, fornix, trigone
triplégie, triplegia
triplés, triplets
triploïde, triploid
trismus, trismus, lockjaw
trisomie, trisomy
trocart, trocar
trochanter, trochanter
trochléaire, trochlear
trochlée, trochlea
troisième, third
trompe d'Eustache, pharyngotympanic tube
tronc, trunk, troncus, stem
tronc artériel brachiocéphalique, innominate artery
tronc cérébral, brain stem

trophique, trophic
trophoblaste, trophoblast
trou, hole, gap
trou de Botal, foramen ovale
trou occipital, foramen magnum
trou de trépanation, burr hole
trouble, disorder, disturbance
trouble du comportement, behavior disorder
trouble fonctionnel, functional disorder
trouble intestinal, bowel disorder
trouble thymique, affective disorder
trychophytie, trichophytosis
trypanosomiase, trypanosomiasis
trypsine, trypsin
trypsinogène, trypsinogen
tryptophane, tryptophan
tubaire, tubal
tube digestif, alimentary tract, gastrointestinal tract
tubercules quadrijumeaux, corpora quadrigemina
tube, tube, salpinx, tract
tubercule, tubercle, tuberculum
tuberculeux, tuberculous
tuberculide, tuberculid

tuberculine, tuberculin
tuberculome, tuberculoma
tuberculose, tuberculosis
tubérosité, tuberosity
tubes séminifères, seminiferous tubules
tubo-ovarien, tubo-ovarian
tubulaire, tubular
tubule, tubule
tularémie, tularemia
tuméfaction, swelling, tumefaction
tumeur, tumor
tumeur à myéloplaxes, osteoclastoma
tumeur glomique, glomus tumor
tunique, tunica
tunnel, tunnel
turbinectomie, turbinectomy
turgescence, turgor
turgescent, turgid
tylosis essentiel, tylosis
tympan, ear drum, tympanum
tympanique, tympanic
tympanite, tympanitis, myringitis
tympanoplastie, tympanoplasty
type, type
typhus, typhus fever
tyrosine, tyrosine

U

ulcérant, ulcerative
ulcération, canker
ulcération cutanée, fester
ulcération fétide de la bouche,
  cancrum oris
ulcère, ulcer
ulcère gastro-duodénal, peptic
  ulcer
ultrason, ultrasound
ultrasonographie, ultrasonography
unciforme, unciform, hooklike
uncus, uncus
unicellulaire, unicellular
unilatéral, unilateral
union, union
uniovulaire, uniovular
unipare, uniparous
unipolaire, monopolar
unique, single
unité, unit
unité de soins intensifs, intensive care unit
urate, urate
urée, urea
urémie, uremia, blood urea
urétéral, ureteral, ureteric
uretère, ureter
urétérectomie, ureterectomy

urétérite, ureteritis
urétérocèle, ureterocele
urétérolithe, ureterolith
urétérolithotomie, ureterolithotomy
urétérovaginal, ureterovaginal
urétérovésical, ureterovesical
urètre, urethra
urétrite, urethritis
urétrocèle, urethrocele
urétrographie, urethrography
urétroplastie, urethroplasty
urétroscope, urethroscope
urétrotomie, urethrotomy
urinaire, urinary
urine, urine
urinifère, uriniferous
urinomètre, urinometer
urique, uric
urobiline, urobilin
urobilinogène, urobilinogen
urochrome, urochrome
urogénital, urogenital
urographie, urography
urologie, urology
urologue, urologist
urticaire, hives, nettle rash, urticaria
usage unique, à, disposable
utérin, uterine
utérovésical, uterovesical
utérus, uterus, metra, womb, hystera
utricule, utricle
uvée, uveal tract
uvéite, uveitis
uvulectomie, uvulectomy

V

vaccin, vaccine
vaccination, vaccination
vaccine, vaccinia
vacuole, vacuole
vagal, vagal
vagin, vagina
vaginal, vaginal
vaginisme, vaginismus
vaginite, vaginitis, colpitis
vagotomie, vagotomy
vaisseau, vessel
vaisseau coronaire, coronary
    vessel
valeur, value
valgus, valgus
valine, valine
valve, valve
valve aortique, aortic valve
valve mitrale, bicuspid valve
valvule, valvula
valvule de la saphène, saphe-
    nous opening
valvule iléo-caecale, ileocecal
    valve
valvule mitrale, mitral valve
valvule tricuspide, tricuspid valve
valvulotomie, valvulotomy
vaporisateur, nebulizer
variable, variable
variable aléatoire, random va-
    riable
variation, variation
varicelle, chickenpox, varicella
varice, varix
varicocèle, varicocele
variole, smallpox, variola
variqueux, varicose

varus, varus
vasculaire, vascular
vascularite, vasculitis
vasectomie, vasectomy
vasoconstriction, vasoconstriction
vasodilatation, vasodilatation
vasomoteur, vasomotor
vasospasme, vasospasm
vasovagal, vasovagal
vecteur, vector
végétation, vegetation
végétations adénoïdes, adenoids
veine, vein, vena
veine basilique, basilic vein
veine saphène, saphenous veni
veineux, venous
veinule, venula
vélocimétrie, velocimetry
ventilation, ventilation, breathing
ventilation assistée, assisted
    ventilation
ventral, ventral
ventre, belly
ventricule, ventricle
ventricule unique, single ventricle
ventriculographie, ventriculo-
    graphy
ver de Guinée, guineaworm
vergetures, striae atrophicae
vermifuge, vermifuge, anthelmintic
vermineux, verminous
verre, glass
verres correcteurs, glasses
verrue, wart, verruca
version, version
vertèbre, vertebra, spondyle
vertex, vertex
vertical, vertical,
vertige, vertigo
vésical, vesical
vésicant, vesicant
vésicovaginal, vesicovaginal
vésicule, vesicle, bladder, blister,
    bulla
vésicule biliaire, gallbladder
vésicule ombilicale, yolk sac

vésiculite, vesiculitis
vessie, bladder, vesica, urinary bladder
veste, jacket
vestibulaire, vestibular
vestibule, vestibule
vestigial, vestigial
viable, viable
viande, meat
vibration, vibration
vicariant, vicarious
victime, casualty
vide, empty
vie, life
vieillissement, aging
villeux, villous
villosité, villus
villosités chorioniques, chorionic villi
viol, rape
violet de gentiane, gentian violet
virilisme, virilization
virologie, virology
virulence, virulence
virus, virus
virus de l'immunodéficience humaine, HIV
virus orphelin, orphanvirus
vis, screw
viscère, viscera
viscomètre, viscometer
vision, sight, vision
visqueux, viscous
visuel, visual
vitamine, vitamin
vitamine B2, riboflavin
vitellin, vitelline
vitellus, yolk
vitesse, speed, rate, velocity
vitesse de sédimentation, blood sedimentation rate
vitesse de sédimentation globulaire, erythrocyte sedimentation rate

vitiligo, vitiligo
vitré, vitreous body
vivant, alive, live
vivisection, vivisection
vocal, vocal
voie, pathway, tract
voie extrapyramydale extrapyramidal tract
voies aériennes, airways
voies biliaires, hepatic ducts
voies respiratoires supérieures, upper respiratory tract
voix, voice
vol, steal, flight
volatile, volatile
volonté, volition
volt, volt
volume, volume, bulk
volume courant, tidal volume
volume de réserve expiratoire, expiratory reserve volume
volume de réserve inspiratoire, inspiratory reserve volume
volume expiratoire maximal seconde (VEMS), FEV1
volume résiduel (VR), RV
volume sanguin, blood volume
volvulus, volvulus
vomer, vomer
vomissement, vomiting, emesis
vomissement acétonémique, cyclical vomiting
voûte, arch, roof
voûte cranienne, calvarium
voyeurisme, voyeurism, scopophilia
vrai, true
vue, view
vulve, pudendum muliebre
vulvectomie, vulvectomy
vulvite, vulvitis
vulvovaginite, vulvovaginitis

xanthélasma, xanthelasma

xanthochromie, xanthochromia
xanthome, xanthoma
xantine, xanthine
xérodermie, xerodermia
xérophtalmie, xerophthalmia
xéroradiographie, xeroradiography
xérosis, xerosis
xérostomie, xerostomia

Y

yard, 0,914 m, yard
yoyo, grommet

Z

zéiose, zeiosis

zéro, zero
zinc, zinc
zona, zona, herpes zoster, zoster
zonule, zonula
zoologie, zoology
zoonose, zoonosis
zoopsie, zoopsia
zygote, zygote
zymotique, zymotic,

Achevé d'imprimer le 13 août 1991
dans les ateliers de Normandie Impression S.A.
à Alençon (Orne)
N° d'imprimeur : I1-1515
Dépôt légal : août 1991